CARLO GUARIENTI

galerie jan krugier, ditesheim & cie

CARLO GUARIENTI

CHARTA

Coordination graphique/Design
Gabriele Nason

*Coordination rédactionnelle/
Editorial Coordination*
Emanuela Belloni

Rédaction/Editing
Elena Carotti
Debbie Bibo

Mise en page/Layout
Daniela Meda

Traduction/Translation
Scriptum, Roma

Service de presse/Press Office
Silvia Palombi Arte & Mostre, Milano

Crédits photographiques/Photo Credits
Renzo Cargasacchi
Paolo Folchitto
Patrick Goetelen
Giuseppe Schiavinotto

*Droits réservés pour tous autres documents
non identifiés: nous prions leur éventuels
auteurs de bien vouloir nous excuser/We
apologize if, due to reasons wholly beyond our
control, some of the photo sources have not
been listed.*

Edizioni Charta
via della Moscova, 27
20121 Milano
Tel. +39-026598098/026598200
Fax +39-026598577
e-mail: edcharta@tin.it
www.artecontemporanea.com/charta

Printed in Italy

Galerie Jan Krugier, Ditesheim & Cie
Krugier-Ditesheim Art Contemporain
29-31 Grand-Rue
1204 Genève
Tel. +41-223105719
Fax +41-223105712

Ce catalogue a été publié à l'occasion de
l'exposition/This catalogue was published to
accompany the exhibition

Carlo Guarienti
*peintures, aquarelles, dessins et gravures
de 1946 à 2000*

du 4 mai au 22 juillet 2000
4 May-22 July 2000

Genève
Galerie Jan Krugier, Ditesheim & Cie
Krugier-Ditesheim Art Contemporain

*Ceux qui ne savent pas se souvenir du passé
sont condamnés à le répéter*

George Santayana

Sommaire/Contents

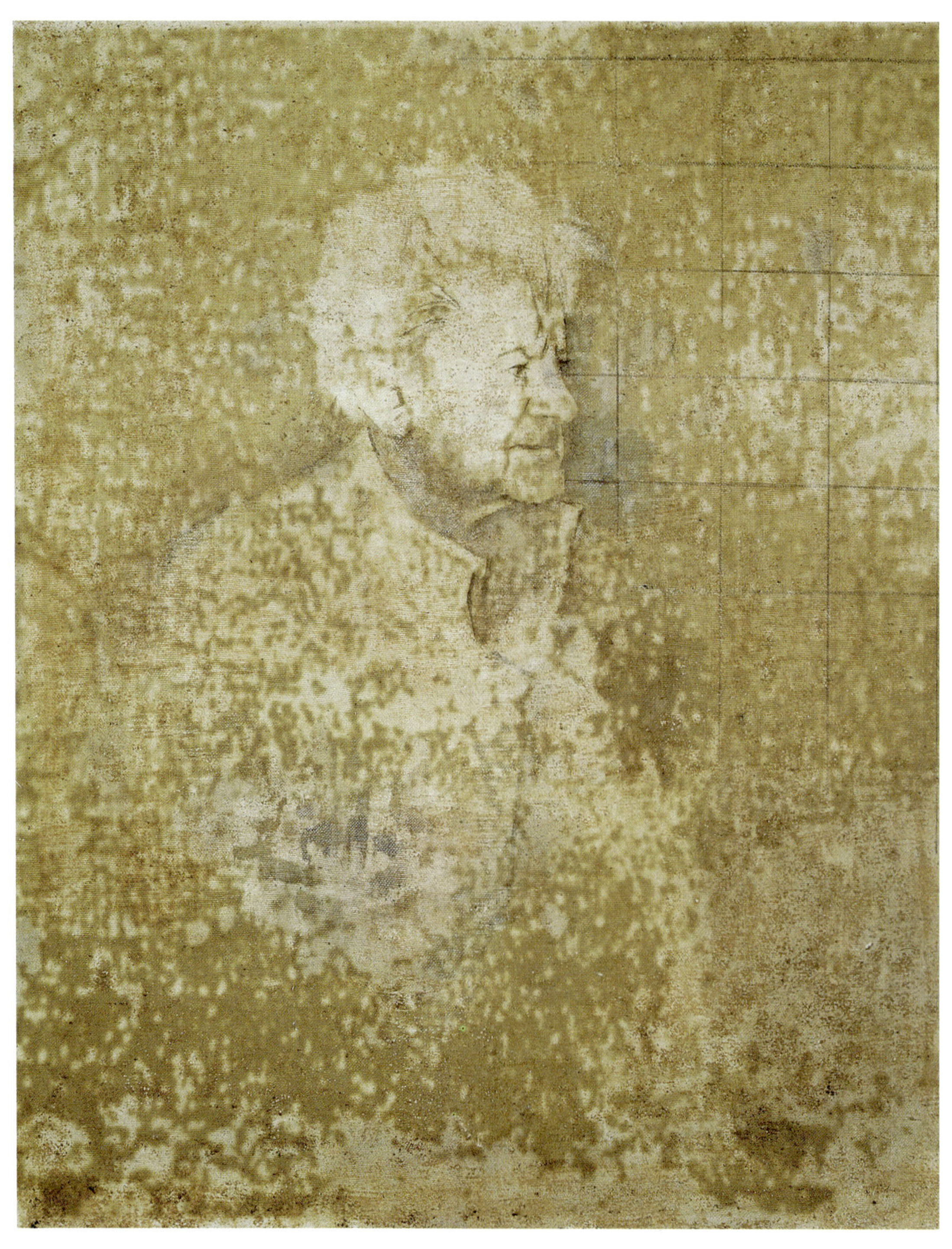

Voici, dans la même galerie, à vingt ans d'intervalle, la seconde exposition personnelle de Carlo Guarienti. Elle dévoile ses œuvres récentes, offre un bref rappel de son parcours antérieur. Ce grand peintre encore secret, quoique souvent montré et commenté, naît à Trévise en 1923, d'une famille originaire de Vérone. Il a grandi dans ses deux villes splendides de la Vénétie dont il connaît, très tôt, le riche patrimoine artistique. A quatorze ans, il visite la Galerie des Offices, à Florence, en reçoit des impressions ineffacées, jusqu'à se souvenir encore de la disposition des tableaux dans les salles. Toutefois, avant de pouvoir se livrer entièrement à sa vocation, il doit mener jusqu'à leur terme, jusqu'au diplôme, comme l'avait fait, un peu avant lui, son compatriote Alberto Burri, ses études de médecine. Il existe des affinités entre peinture et médecine et l'anatomie est leur base commune. Guarienti n'a jamais exercé mais il a maintenu les contacts avec ses professeurs, souvent éminents, retenu de sa formation initiale, acceptée à la fois comme discipline humaniste et comme science concrète, le sens des entités biologiques et de leurs anomalies. Il pratique le dessin à la manière incisive du scalpel.

La fermeture des musées durant la guerre, l'impossibilité de voir les fresques des églises, protégées par des sacs de sable, aiguisent sa nostalgie de la peinture ancienne et sa volonté d'en retrouver les secrets. Il découvre la psychanalyse avec une attirance d'autant plus vive que cette archéologie intérieure est alors proscrite en Italie. En 1949 il obtient une bourse de trois mois en Espagne, le pays des contrastes, de l'extrême tension entre l'âme et le corps. Il en parcourt les diverses provinces, l'âpre Castille et la capiteuse Andalousie, explore à fond le musée souverain du Prado, où toute la peinture occidentale et spécialement vénitienne gravite autour de Velázquez et de Goya, les initiateurs de la vision moderne. Il est encouragé, dès ses débuts, par le brillant chroniqueur et chantre de Trévise, Giovanni Commisso, généreux envers les jeunes dont ils pressent les dons, qui lui consacre, publiée en 1954, une étude inaugurale d'une insigne justesse et compréhension.

Autodidacte soucieux de son apprentissage et hanté par le Quattrocento, Guarienti rêve, en son ardeur mentale, qu'il suit, à Venise, avec Carpaccio, l'enseignement de Gentile Bellini, qu'il rejoint, à Padoue, l'atelier fameux de Squarcione, où se pressent Mantegna et ses disciples ferrarais. Quelle émotion d'avoir revu récemment avec lui, à Ferrare, le palais Schifanoia ! Les influences de Mantegna, de Carpaccio, du cercle ferrarais, mais aussi celle des manuels d'anatomie et d'histoire naturelle compulsés en médecine régissent son premier et téméraire tableau, *S. Girolam*o (Saint Jérôme), peint en 1946 sur panneau de bois au format carré. C'est un tour de force, l'exercice de maîtrise embrassant tous les genres et tous les règnes par la sûreté du métier, la précision du dessin, l'éclat de la couleur, l'audace de la composition. Le père de l'Eglise devenu pénitent du désert, dont Guarienti ressent en lui la rigueur ascétique et la frénésie studieuse, a, dans sa rude nudité, la force véridique d'un portrait. Il s'agenouille en se mortifiant, dans le paysage de dévastation où surgit, parmi les cailloux et les cactées, la faune insolite du bestiaire futur. Entre les troncs d'arbres brisés et les monuments en ruines se dresse la statue équestre chère à Giorgio de Chirico, le peintre de la

Métaphysique, que Guarienti consulte à Rome et dont il assume la filiation. La chouette, oiseau de la sagesse, veille sur le paravent drapé de rouge et de vert, qui cloisonne l'espace et reforme, en plein air, la cellule de l'ermite savant, avec le crâne et le bréviaire.

Durant sa phase initiale, Guarienti dénombre le réel selon sa trame visible et ses replis cachés. Il imprime à la résurrection du passé l'inquiétude du présent, dépasse le naturalisme par la force vériste avec laquelle il scrute les apparences et pénètre les arcanes. Les deux pôles de la figuration plastique sont pour lui la fresque italienne et la gravure allemande, celle de Dürer et de ses émules, aussitôt répandue en Vénétie. En 1949 le petit *Autoritratto* (Autoportrait) sur bois, d'une intense densité, ponctué par un cartel ironique et le dessin nommé *Figura* (Figure), buste de femme à la pointe d'argent, attestent son assimilation de l'art ancien, son acuité linéaire, sa pénétration psychologique. L'extraordinaire *Natura morta* (Nature morte) de 1950, consécutive au séjour à Madrid, est un hommage à la nature morte espagnole du Siècle d'or, sommet du genre, aux *Bodegones* suprêmes de Zurbarán, disposés en frise et magnifiquement éclairés sur fond noir. A partir de 1953 Guarienti se rend périodiquement à Paris, où ses expositions successives attirent l'attention des écrivains et poètes, Audiberti, Mandiargues, Klossowski, Butor, Waldberg, Andrée Chedid.

*Nascita di una natura morta (*Naissance d'une nature morte), en 1956, est un jalon essentiel, l'œuvre de transition qui coïncide avec l'installation à Rome. Le peintre a revêtu les superbes étoffes dont il est amateur, aux tons verts et violets, mais sous la guirlande de son chapeau, le visage est masqué par un crâne funèbre aux orbites creuses. Il exerce à l'extérieur son activité mimétique, la transcription des coquillages à résonance sexuelle, dans l'espace aride où la pyramide inscrit la perfection de sa volumétrie. L'excellence de la facture, tempera sur toile à l'œuf, accroît le pouvoir de surprise et de choc. Cette peinture provocatrice et déjà soumise aux pulsions de l'inconscient ouvre une longue expérimentation technique et visionnaire que l'on qualifie hâtivement de surréaliste. Malgré les références explicites à Magritte, à Max Ernst et l'emprise freudienne, elle engage une démarche complexe et d'un autre ordre qui ne laisse de troubler ses exégètes. En Italie comme en France ce sont aussi les écrivains et poètes, Buzzati, Ungaretti, Moravia et d'autres dont il fait le portrait, Carrieri, Soavi, qui subissent le mieux son étrange et terrible fascination. Le surréalisme s'en tient à la métaphore littéraire, par association d'images. Guarienti opère par métamorphose plastique, par régulation de structures d'autant mieux ajustées que la charge passionnelle est plus forte. La subversion de la forme, ludique ou démoniaque, va de pair avec la quête inventive de procédés et de matériaux appropriés. Durant une phase caractéristique, il détache et restaure les enduits craquelés des vieux murs, où les hommes et les siècles ont accumulé leurs traces pour constituer la texture de ses fonds. En 1966 un tableau comme *Fotografo* (Photographe), peint sur bois à la caséate de chaux, est une scénographie burlesque illustrant les avatars de la duplication visuelle. Elle confirme la prédilection pour le monde minéral et les effets théâtraux des tissus. La veine saturnienne s'exaspère et

Prospettiva con figura, 1975

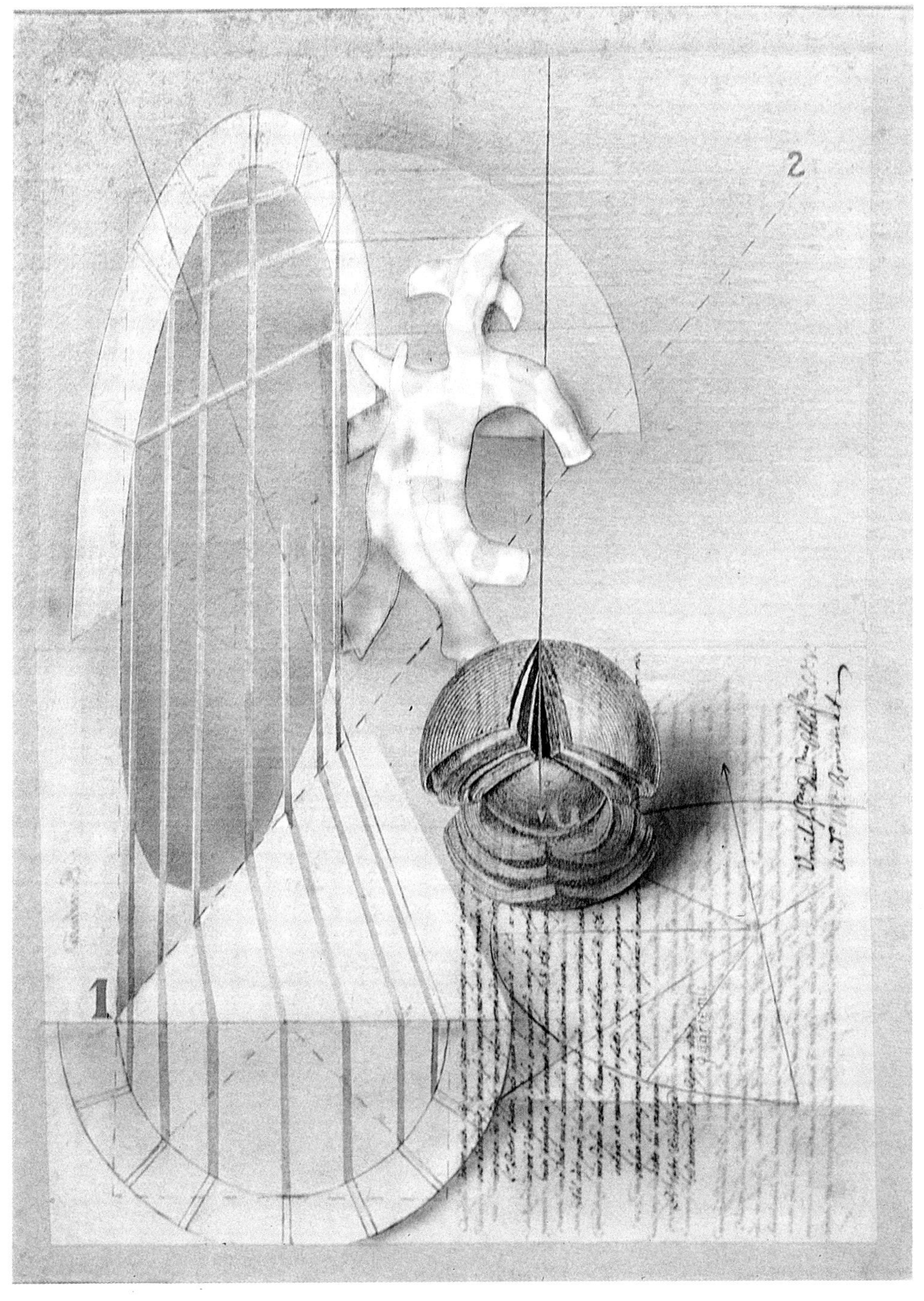

culmine en tératologie. Au milieu du chemin de la vie Guarienti traverse le ténébreux labyrinthe hérissé d'écueils pour mieux renaître au jour après les épreuves initiatiques et de salubres égarements.

En 1978, année tournante où les magnifiques études de *Rocce* (Roches), aimantées par le sigle de la main et de fins réseaux linéaires, condensent la morphologie de l'univers et renvoient à la géomancie chinoise, les monstres disparaissent, la sorcellerie hallucinatoire se mue en alchimie cristalline. Le filtre purificateur de l'aquarelle entraîne la décantation de la forme, l'épiphanie de l'espace, l'assomption de la lumière, la concrétion du temps. Dans une société sans rituel, sans commandes, sans vie communautaire, le peintre n'a d'autre recours que la solitude et la réclusion de son atelier. Guarienti dispose désormais de trois ateliers complémentaires aménagés avec soin et blottis parmi les arbres en des lieux préservés. Il y a l'atelier de Toscane, l'été, face au golfe de mer, sur la colline étrusque d'Ansedonia, l'atelier d'automne, à Venise, où le ramènent ses souvenirs de jeunesse, sis au fond d'un calme jardin, entre la Salute et les Zattere, enfin l'atelier principal, à Rome, à la lisière de la ville, sur la Via Salaria. Il donne sur un parc orné de reliefs antiques, s'appuie aux fondations romaines, s'adosse au flanc d'une ancienne chapelle, tandis que s'étendent en dessous les catacombes de Priscilla. Hors du tumulte urbain et des pressions de la mode, c'est l'enclos fabuleux, innervé par les strates de l'histoire, où règne un suspense millénaire, où son occupant est contraint à se dépasser. Comme son ami Balthus dont l'exemple a fortifié ses convictions, Guarienti croît à la vertu de l'environnement, au culte du métier, à la résurgence du passé comme source vivifiante. "La mémoire est la poésie du regard", assure Alberto Savinio, l'un de ses guides spirituels.

La grandeur du style auquel il accède maintenant, l'âge venu, se fonde sur la réduction du vocabulaire à quelques thèmes d'essence universelle, sur la rectitude et la souplesse de la syntaxe. Il ne peint que ce qui l'entoure et ce qu'il voit réellement, l'invisible affleurant sous le visible. Les intérieurs et les paysages dont il a tiré d'admirables variations subsistent encore, en s'effaçant, et ce qui prédomine, ce sont les natures mortes et les autoportraits. Il n'y a guère de différence, sinon dans le support et le format, entre les œuvres sur papier et les peintures elles-mêmes, sur toile ou sur bois, menées à la même complétude, exécutées avec la même substance germinative, à base de poudres broyées. La matière s'est allégée, granulation vibrante, monochromie grise ou brune, aux modulations infinies, sable et cendre, limon des origines, à quoi tout retourne. Les natures mortes, dont on sait la place centrale qu'elles occupent dans la peinture contemporaine et les raisons de cette attraction, consacrent les objets quotidiens aux volumes primordiaux, les fruits, le chapeau, l'équerre, les récipients de toute espèce, jarres et vases en terre, arrrosoir en métal, bouteilles en verre, paniers en osier, mais aussi le bucrane et les ossements animaux, attributs familiers des ateliers, archétypes de la vie et de l'art. De ces natures mortes intégrées à leurs fonds émane une source de phosphorescence, non la clarté de l'espace mais le rayonnement de la durée. Posées le plus souvent sur la table, elles s'étagent parfois dans des niches comme les niches

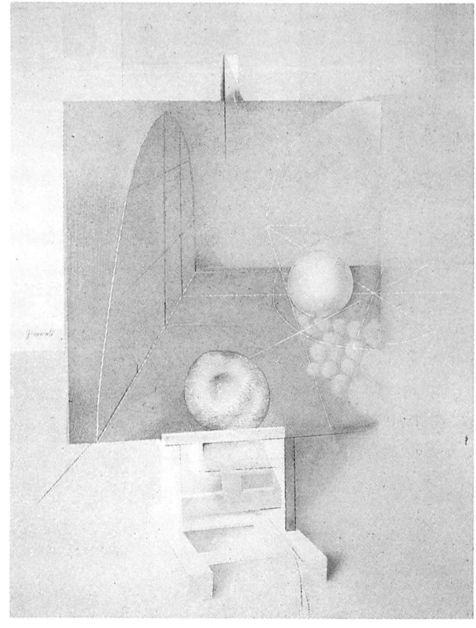

Cavalletto, 1980

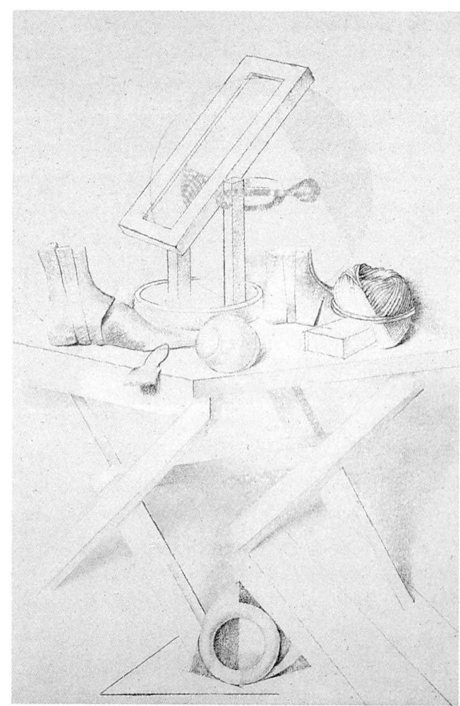

Natura morta, 1981

votives des fresques pompéïennes. Et parfois elles sont timbrées par des lettres et des chiffres en caractères romains, issus des inscriptions lapidaires.

Les autoportraits se multiplient, non par complaisance narcissique mais parce que le peintre est à lui-même son modèle toujours disponible et chaque fois inconnu, changeant selon l'humeur du jour et l'usure du temps. Ce sont d'abord des figures vêtues et vues à mi-corps, derrière une paroi, selon le mode classique, les mains tenant le livre, les instruments du travail ou bien tendues en avant, dans un geste d'orante, vers les objets tutélaires. Puis les autoportraits s'amplifient et deviennent des figures entières, dénudées, assises frontalement, les bras ballants, les mains cachant le sexe. La tête est peinte avec une anxieuse vérité. Guarienti ranime aussi l'exactitude anatomique de ses débuts et l'on mesure rétrospectivement la portée identificatrice et prémonitoire de son *S. Girolamo* (Saint Jérôme). Les nus du vieillissement sont rares et risqués, d'autant plus émouvants. La dessication de la chair révèle l'architecture interne et confère au corps entier sa majesté minérale. Les trois autoportraits les plus récents et les plus grands, des nus assis, aux postures qui se répondent, forment un triptyque monumental, comme exhumé d'outre-monde. Il évoque, en son dépouillement sublime, sur un autre registre, les sculptures ultimes de Giacometti, les trois bustes élongés et assis de *Lotar*. Le corps humain, si près du rocher, échappe pourtant à la nature, manifeste, à nulle autre pareille, son irréductible présence. "Seule la figure humaine", constate laconiquement Guarienti, "permet d'éviter la répétition."

Paris, mars 2000

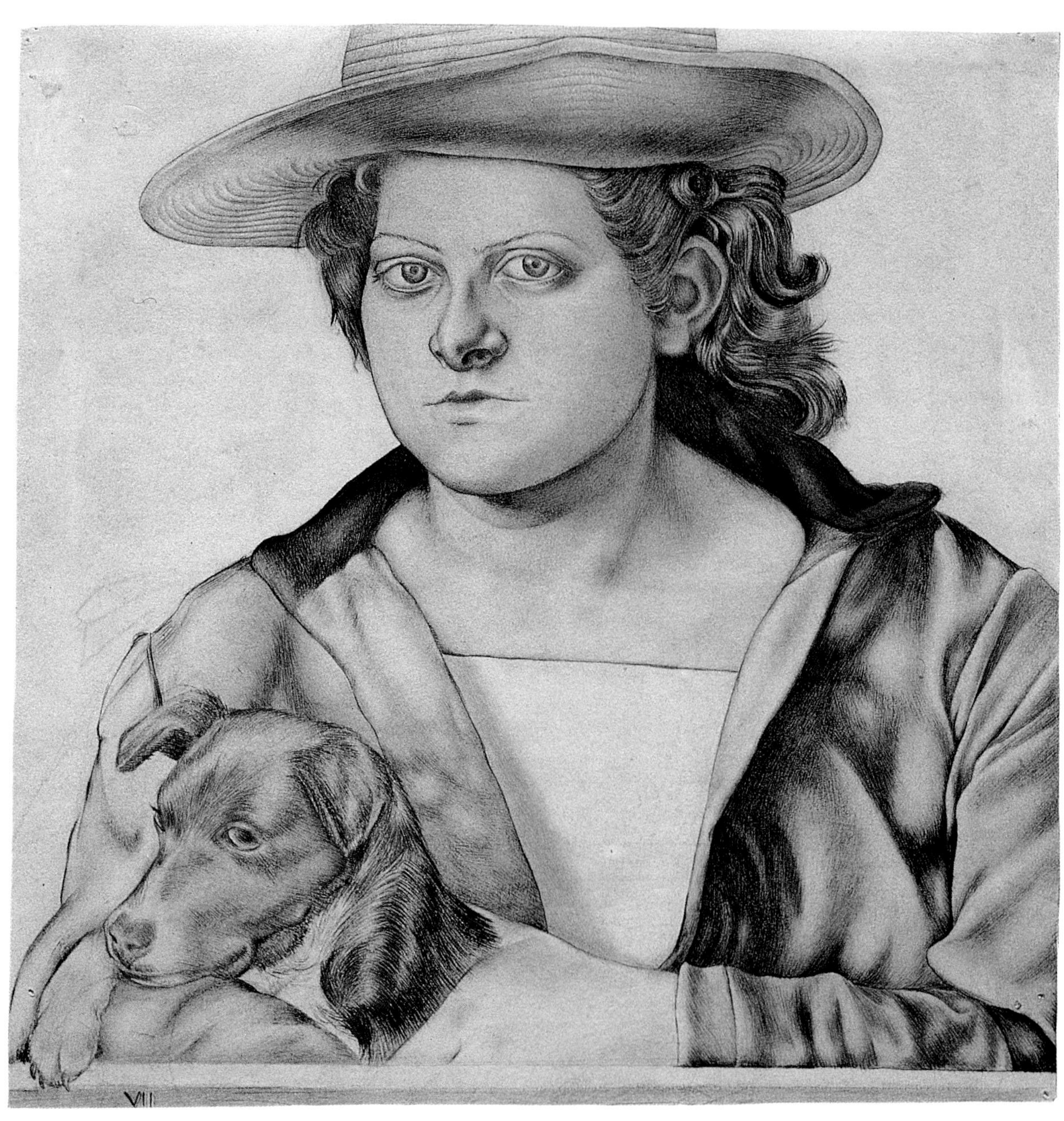

Jean Leymarie

Twenty years on, this gallery is holding a personal exhibition of Carlo Guarienti's works. The exhibition unveils recent works and offers a brief overview of his earlier artistic path. This great yet still relatively unknown painter, despite his many exhibitions and the interest he has aroused, was born in Treviso, Italy in 1923, into a family originally from Verona. He grew up in these two wonderful Veneto towns, and at a very young age became familiar with their incredible artistic heritage. At the age of 14, he visited the Uffizi Gallery in Florence, a trip that left indelible memories, to the point of his recalling the order in which the paintings were hung in the gallery halls. However, before devoting himself completely to his vocation, he completed his medical studies like his compatriot Alberto Burri a few years previously. There are affinities between painting and medicine; anatomy is their common denominator. Guarienti never practiced medicine, but he has kept in touch with his professors, many of whom are eminent. He has kept in touch, too, with his earliest training, which is accepted both as humanist discipline and concrete science. He has retained a sense of biological entities and their anomalies. He draws with a scalpel's incisiveness.

During the war, museums closed down and it was impossible to view frescoes in church: they were protected by sandbags. This heightened his nostalgia for old-fashioned painting, and his desire to discover its secrets. He also discovered psychoanalysis. His attraction was all the stronger as this form of inner archeology was banned in Italy at the time. In 1949, he won a three-month scholarship to Spain, a land of contrasts, of extreme tension between body and soul. He traveled its many provinces, from harsh Castille to intoxicating Andalusia, and explored the sovereign Prado Museum from top to bottom. All Western painting, particularly Veneto painting, revolves around Velázquez and Goya, the originators of modern vision. Since his earliest years, he has been encouraged by Treviso's brilliant chronicler and bard, Giovanni Commisso, generous towards the young people whose talents he helped to develop, and who in 1954 published an initial analysis of remarkable aptness and understanding.

Self-taught and conscious of his apprenticeship, haunted by the quattrocento, Guarienti dreamed, in his fervour, of being in Venice with Carpaccio, following the teachings of Gentile Bellini, before following him to Padua, to the famous Squarcione workshop, and rubbing shoulders with Mantegna and his disciples from Ferrara. What joy to have recently accompanied him to Ferrara to see Palazzo Schifanoia! Governing his first, reckless painting, *S. Girolamo* (Saint Jerome) 1946, a square format on wooden board, are the influences of Mantegna, Carpaccio and the Ferrara coterie, jostling with influences from anatomical and natural history handbooks consulted during his medical studies. It is a tour de force, a mastery of all genres and all rules. It demonstrates the assurance of his metier, a precision of drawing, a brilliance of colors, and boldness of composition. The father of the Church transformed into a penitent of the desert, of whom Guarienti feels the ascetic rigor and studious frenzy. In his raw nakedness, Saint Jerome contains the veracious strength of a portrait. He is kneeling, mortifying himself, in a devastated landscape where, among the rocks and cactaceas, there is the unusual fauna of a future bestiary. Among the trunks of broken trees and ruined monuments stands the equestrian statue so

Figura, 1949

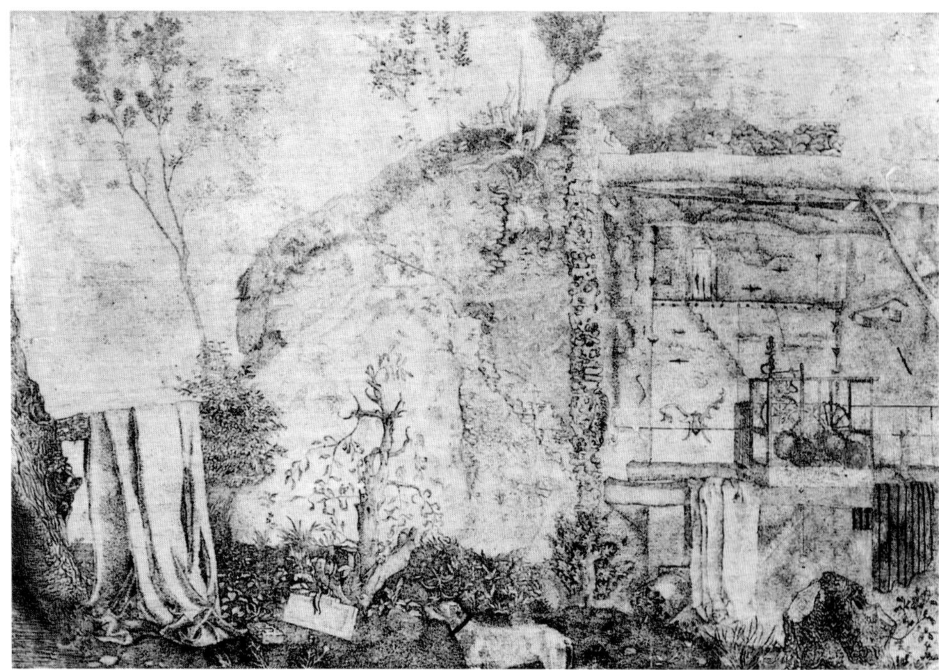

dear to Giorgio de Chirico, painter of Metaphysic, which Guarienti saw in Rome, and whose lineage he takes on. A wise owl looks over the partition draped in red and green, separating the space, forming the learned hermit's open air cell, with skull and breviary.

In his early works Guarienti enumerates the real according to its visible weft and hidden folds. He stamps the anxiety of the present onto a resurrection of the past; he plunges beyond naturalism with the strength of truth in his examination of appearances; he penetrates mysteries. For him, the two poles of artistic representation are Italian frescoes and German engraving, as practiced by Dürer and his emulators, and many practitioners in Veneto. In 1949, the small and intensely dense *Autoritratto* (Self-portrait) on wood, punctuated with an ironic wall clock, and the drawing entitled *Figura* (Figure), a woman's bust with a silver tip, testify to his assimilation of historic art, his linear acuteness and his psychological penetration. His extraordinary 1950 *Natura Morta* (Still life), painted during his time in Madrid, is a homage to Spanish still lifes from the golden age, the height of the genre; it is a homage to Zurbarán's supreme *Bodegones*, arranged as a frieze and magnificently illuminated against a black background. From 1953, Guarienti began to make regular trips to Paris, where a series of exhibitions brought him to the attention of writers and poets such as Audiberti, Mandiargues, Klossowski, Butor, Waldberg and Andrée Chedid.

His 1956 *Nascita di una natura morta* (Birth of a still life) marks a major milestone; this transitional work coincides with his settling into Rome. The painter is wearing the superb materials he loves, full of green and violet tones, but beneath the garland of his hat, his face is masked by a funereal skull punctured by hollow eye sockets. Externally

16

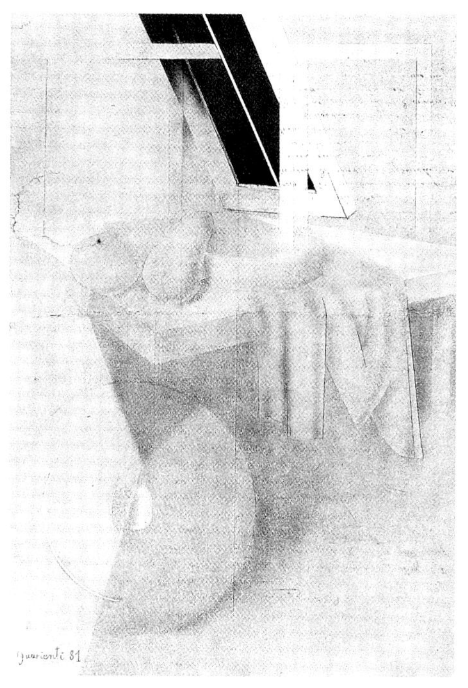

Natura morta, 1981

he is exercising his mimetic activity, a transcription of shells with sexual resonance; he inscribes the perfection of his volumetry in the arid space and in the pyramid. The excellence of his workmanship, in egg tempera on canvas, increases the surprise and shock effect. This provocative painting is already subject to the urges of the unconscious, and marks the beginning of a long period of technical and visionary experimentation which has sometimes hastily been dubbed Surrealist. Notwithstanding explicit references to Magritte, Max Ernst and Freudianism, it makes a complex step, achieving another order that has not ceased to unsettle his exegetes. In Italy and in France, writers and poets such as Buzzati, Ungaretti, Moravia and others whose portraits he painted – including Carrieri and Soavi – were the most affected by his strange and terrible fascination. Working through association of images, Surrealism has much in common with literary metaphor. Guarienti works through artistic metamorphosis, through the regulation of structures which, the stronger their passionate content, are altered to a greater degree. Subversion of form, whether it be playful or demonical, goes hand-in-hand with an inventive quest for appropriate processes and materials. During a characteristic stage, he detached and restored the cracked coverings of old walls, where man and the centuries have left their traces, to make up the texture of his backgrounds. In 1966, a painting such as *Fotografo* (Photographer), executed on wood with lime caseate, is a burlesque scene illustrating the avatars of visual duplication. It underscores his predilection for the mineral world and the theatrical effects of fabric. This saturnine vein is exacerbated and culminates in teratology. Midway through his life's path, Guarienti is traversing a dark labyrinth filled with pitfalls, in order to born anew in the day that follows these initiatory tests and salubrious distractions.

1978 is a turning point. His magnificent studies of *Rocce* (Rocks), magnetized by detail and fine linear networks, condense the morphology of the universe and conjure up Chinese geomancy; the monsters disappear, the hallucinatory sorcery turns into crystalline alchemy. The purificatory filter of watercolor brings with it a clarification of form, an epiphany of space, an Assumption of light and a concretion of time. In a society lacking ritual, order and community existence, the painter has no other recourse than the solitude and imprisonment of his own studio. Guarienti at this time has three complementary studios that are carefully decorated, nestling in tree-filled and pristine sites. There is the Tuscan studio for the summers, looking out over the sea from the Etruscan hillside of Ansedonia; the autumn studio in Venice, where he has collected his memories of youth, located at the end of a tranquil garden between the Salute and the Zattere, and lastly his main studio in Rome, at the edge of town on the Via Salaria. This studio looks out over a garden ornamented with ancient reliefs. It is built upon Roman foundations, against an ancient chapel and over the Priscilla catacombs. Far from the urban commotion, removed from the pressures of fashion, within this fabulous enclosure innervated by the layers of history, reigns a millenary suspense, as its occupant is forced to surpass himself. Like his friend Balthus, whose example fortified his convictions, Guarienti believes in the virtue of the environment, in the cult of the métier, in the resurgence of the past as a vivifying wellspring. "Memory is the poetics of the regard," declares one of his spiritual guides, Alberto Savinio.

The grandeur of the style to which he has access during the present day is founded upon reduction of his vocabulary to a few essential, universal things, and upon the rectitude and pliability of his syntax. He only paints what surrounds him and what he actually sees; the invisible shows through the visible. The interiors and landscapes from which he has obtained such admirable variations live on and fade away, and what predominates are the still lifes and self-portraits. There is hardly any difference – except perhaps in the medium and format – between his works on paper and the paintings themselves, whether they are on canvas or on wood. They are all taken to the same stage of completeness and executed with the same germinal substance, using crushed powder. Matter is made lighter, it becomes vibrating graininess, a grey or brown monochromy, with infinite modulations, sand and ash, the alluvium of the origins to which everything returns. Still lifes, whose central place in contemporary painting and the reasons for this attraction are well known, devote everyday objects to primordial volumes, fruits, hats, the set square, containers of all types, earthenware jars and vases, metal watering cans, glass bottles, wicker baskets, as well as ox heads and animal bones, familiar studio attributes, archetypes of life and of art. These still lifes integrated into their backgrounds give off a dull phosphorescence that is not the clarity of space but the radiance of duration. Generally placed on a table, they can also be laid out in niches like the votive niches found in Pompeii frescoes. Sometimes they are stamped with Roman letters and numerals, taken from inscriptions in stone.

Self-portraits become more and more predominant. Not out of narcissistic indulgence but because the painter himself is his most always available model, each time unknown, changing depending on the mood of the day and the wear and tear of time. First, clothed figures viewed waist up, behind a wall, in the classic fashion, hands clutching a book, instruments of work, or reaching out towards tutelary objects. His self-portraits extend to become full figures, naked and frontal, arms hanging, hands concealing the genitals. His head is painted with an anxious truth. In so doing, Guarienti brings back to life the anatomical precision of his beginnings, and with hindsight one may recognize the identificatory and premonitory scope of his *S. Girolamo* (Saint Jerome). Ageing nudes are rare and risky, and all the more moving because of it. The desiccation of the flesh reveals the inner architecture and bestows its mineral majesty on the whole body. The three most recent and largest self-portraits of seated nudes, in reflecting postures, form a monumental triptych that looks as if it could have been exhumed from beyond the grave. In its sublime spoliation, on another register it evokes Giacometti's last sculptures, his three elongated and seated busts, Lotar. The human body, so close to rock, nonetheless escapes from nature, and manifests its irreducible presence. "Only the human figure," Guarienti laconically says, "allows one to avoid repetition."

Paris, March 2000

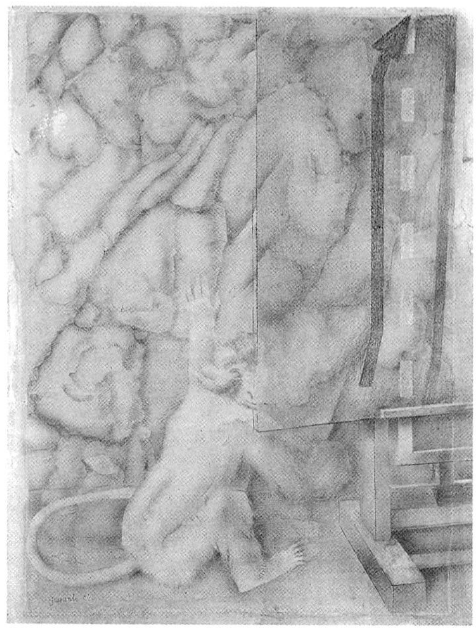

Scimmia con rocce, 1984

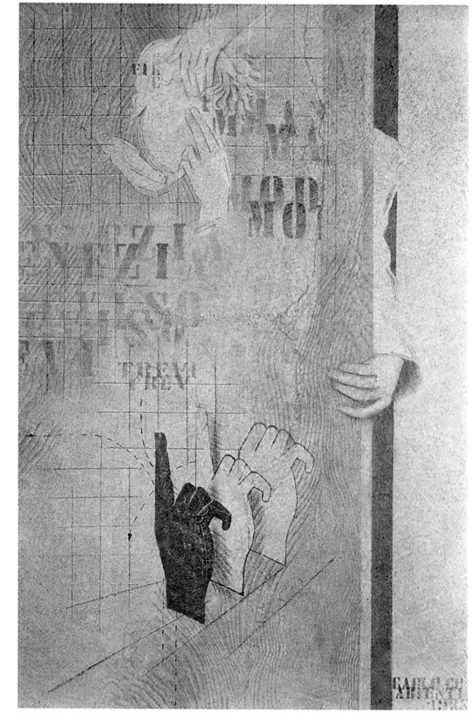

Dietro la porta, 1985

ŒUVRES/WORKS

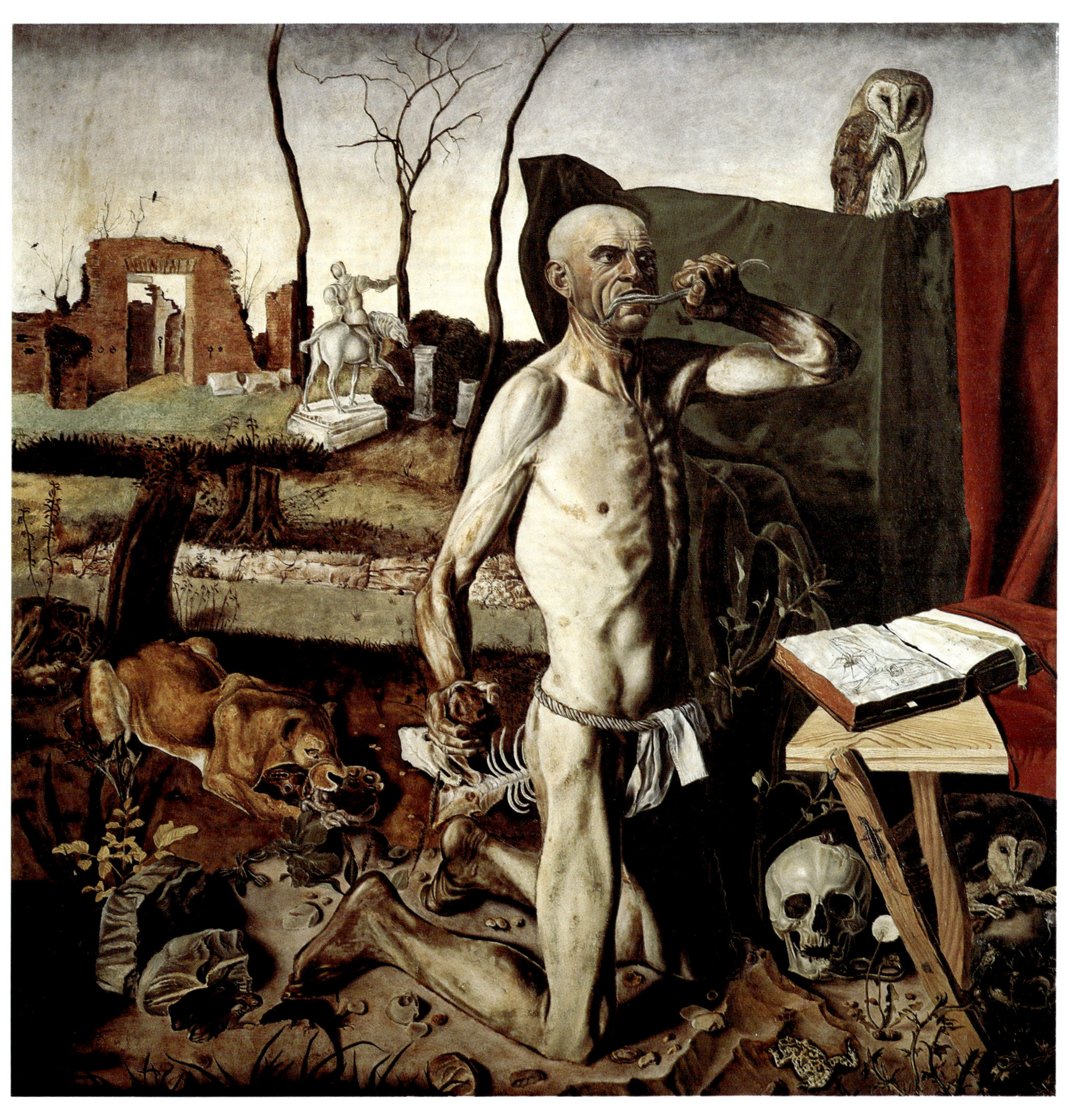

S. Girolamo, 1946
huile sur panneau/oil on panel
120 x 120 cm

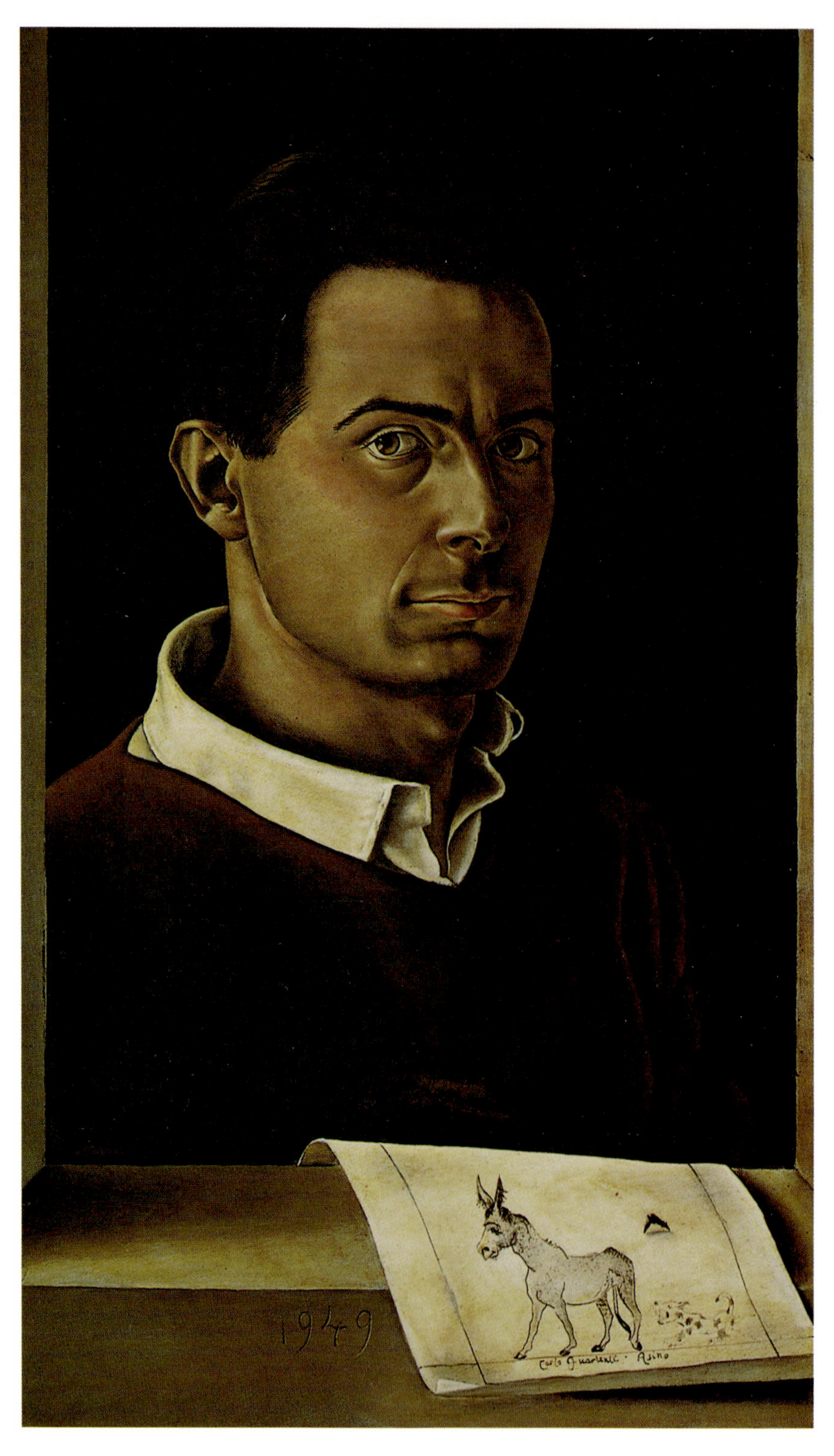

Autoritratto, 1949
huile sur panneau/oil on panel
51 x 30 cm

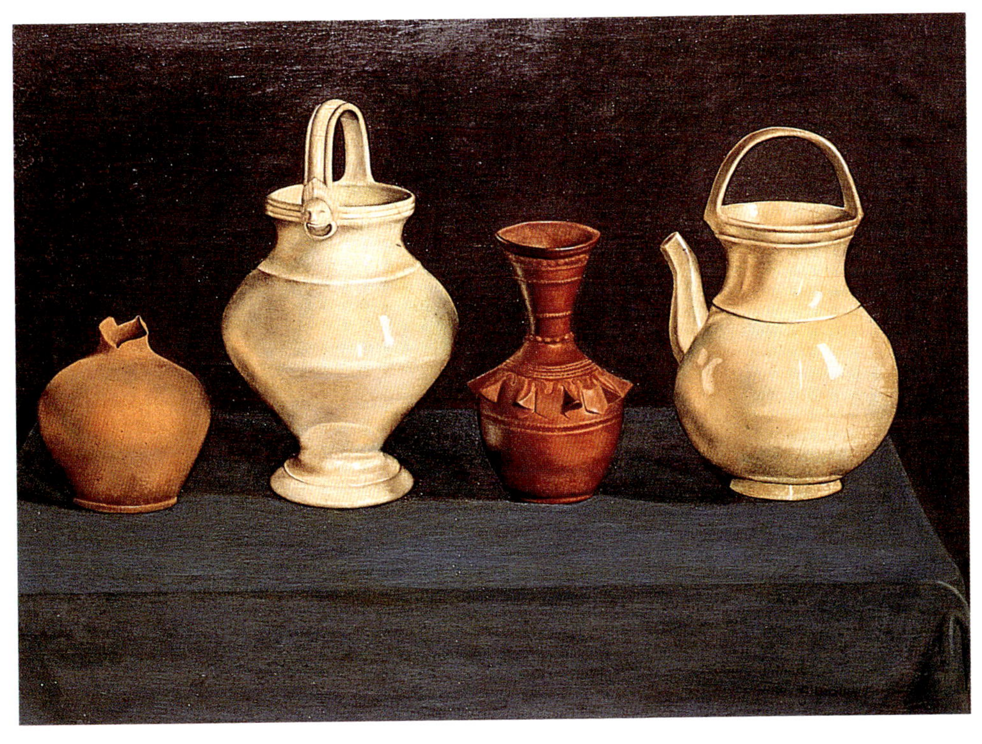

Natura morta, 1950
tempera sur toile/tempera on canvas
46 x 62 cm

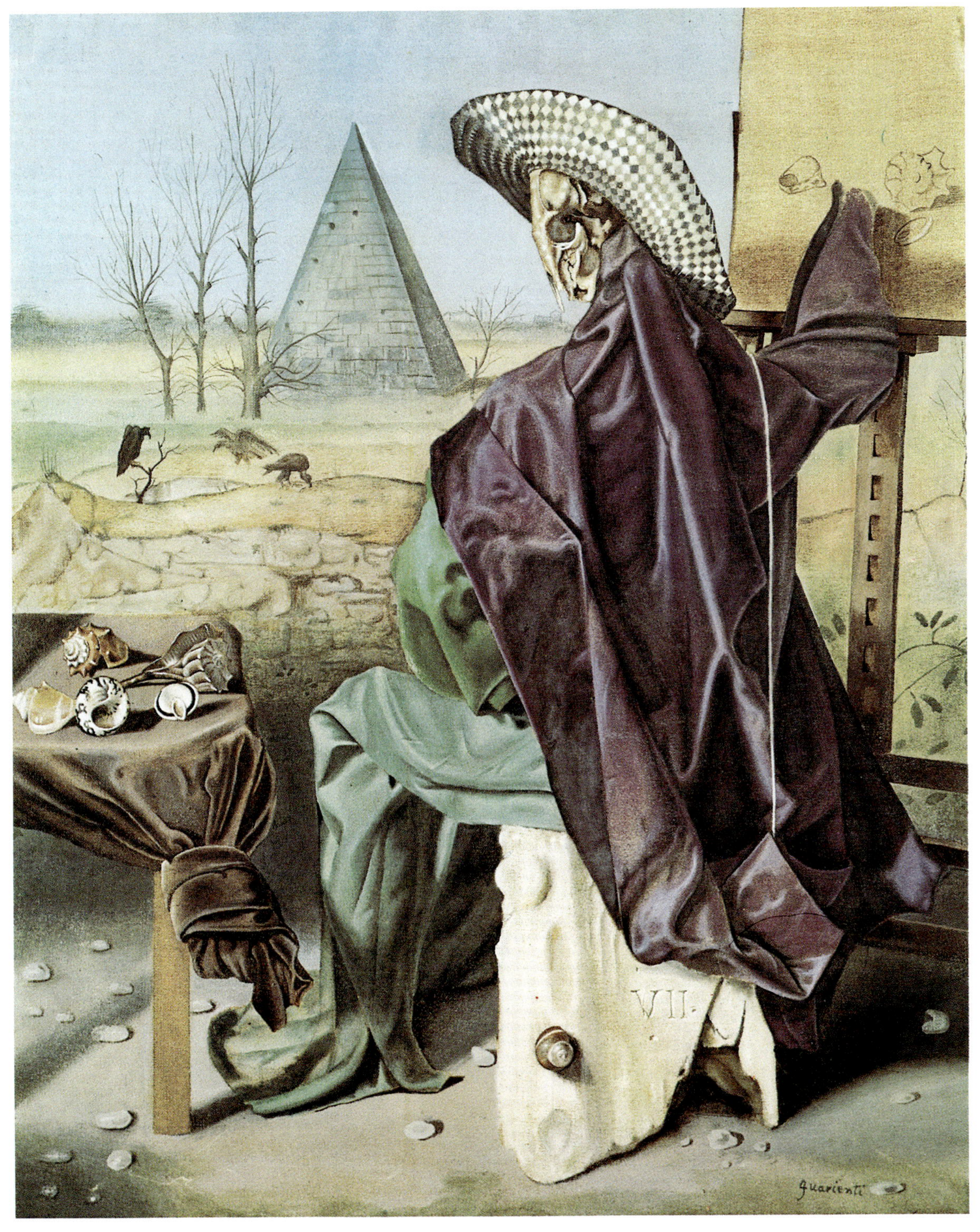

VII.
Guarienti

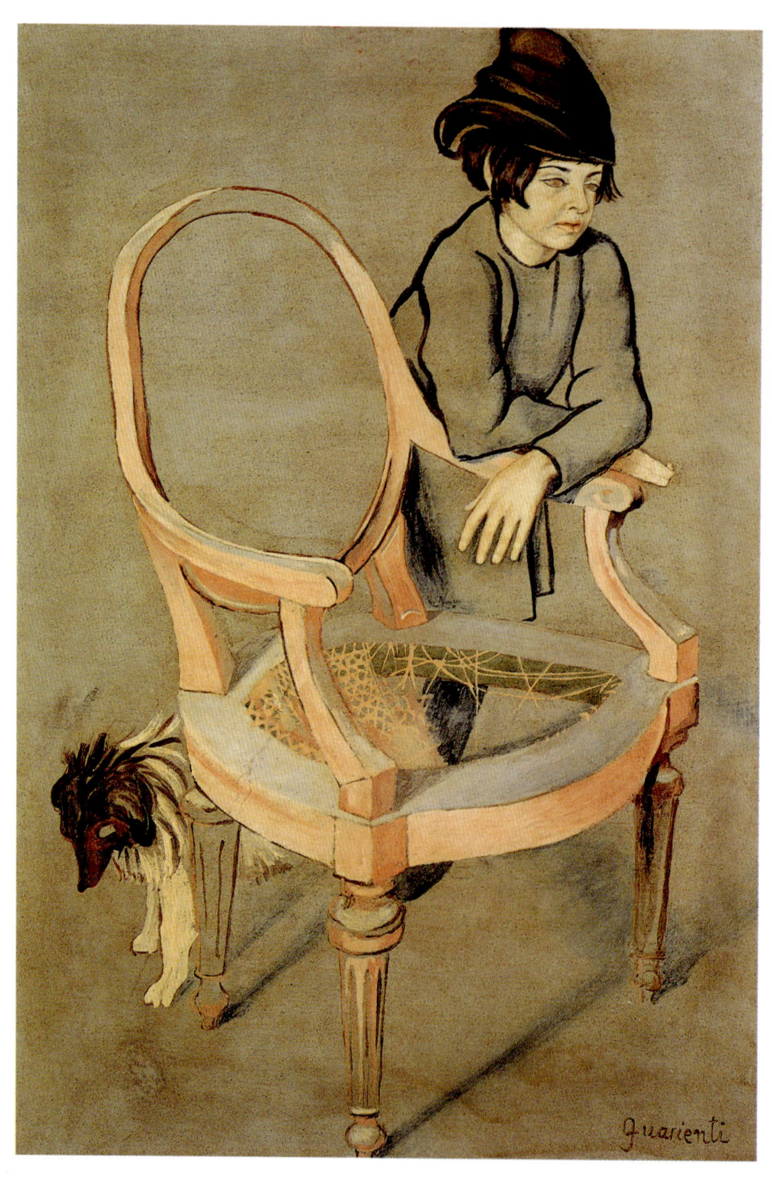

La madonna ed io (La sera di Anversa), 1975
caseato di calcio sur panneau/calcium caseate on panel
250 x 160 cm

Ritratto di Delfi, 1959
tempera sur toile/tempera on canvas
81 x 56 cm

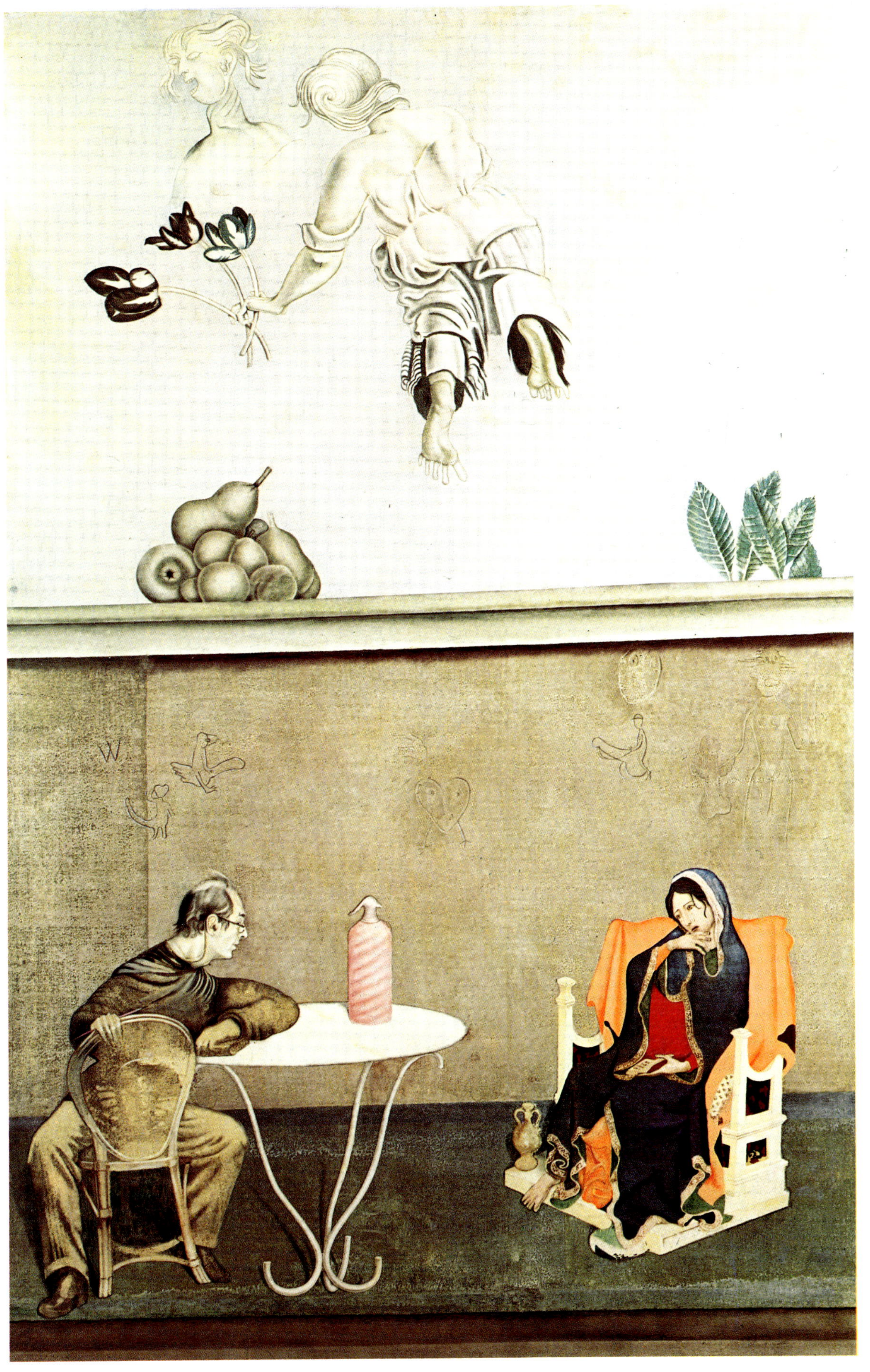

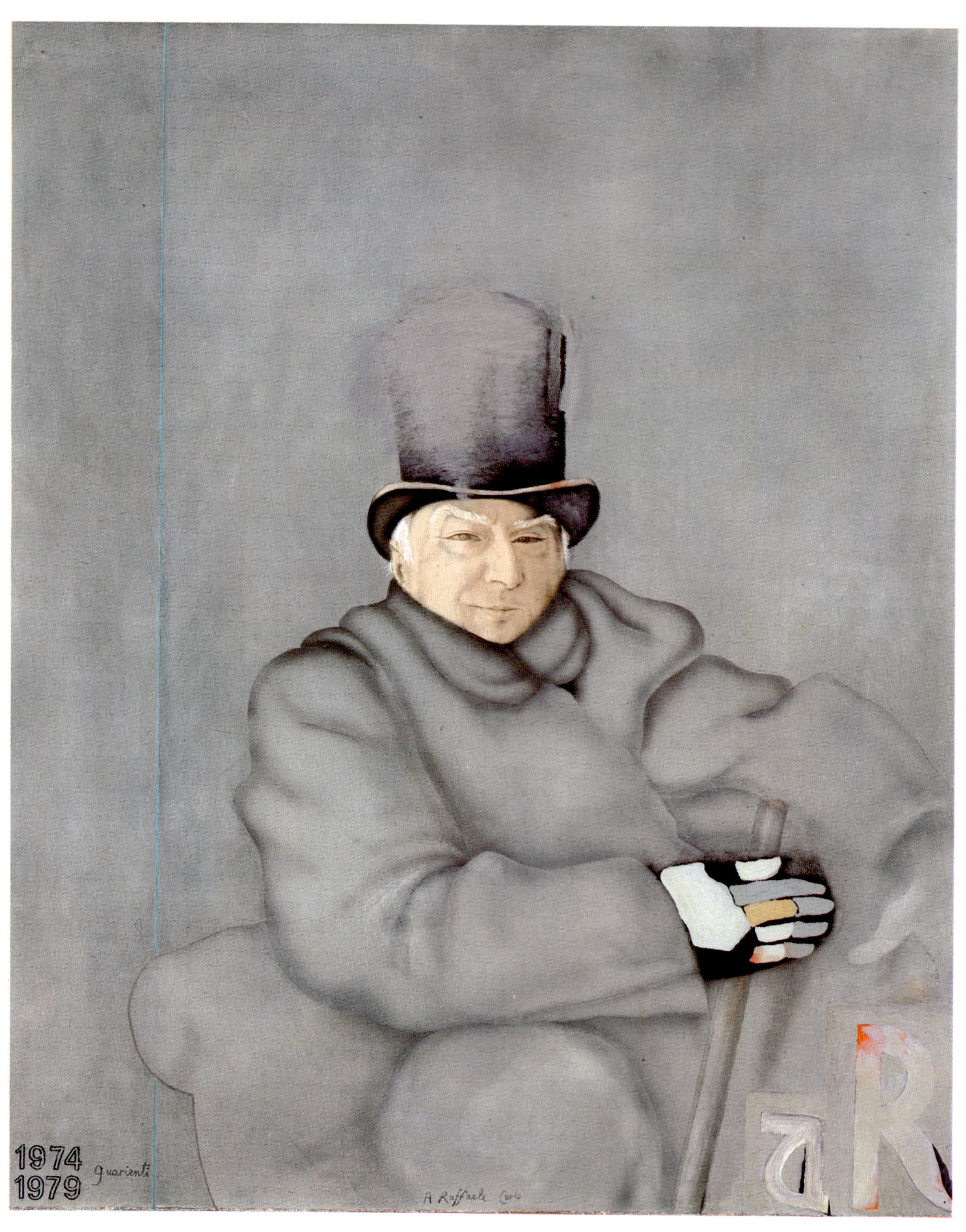

Ritratto di Raffaele Carrieri, 1974-1979
tempera sur panneau/tempera on panel
83 x 69 cm

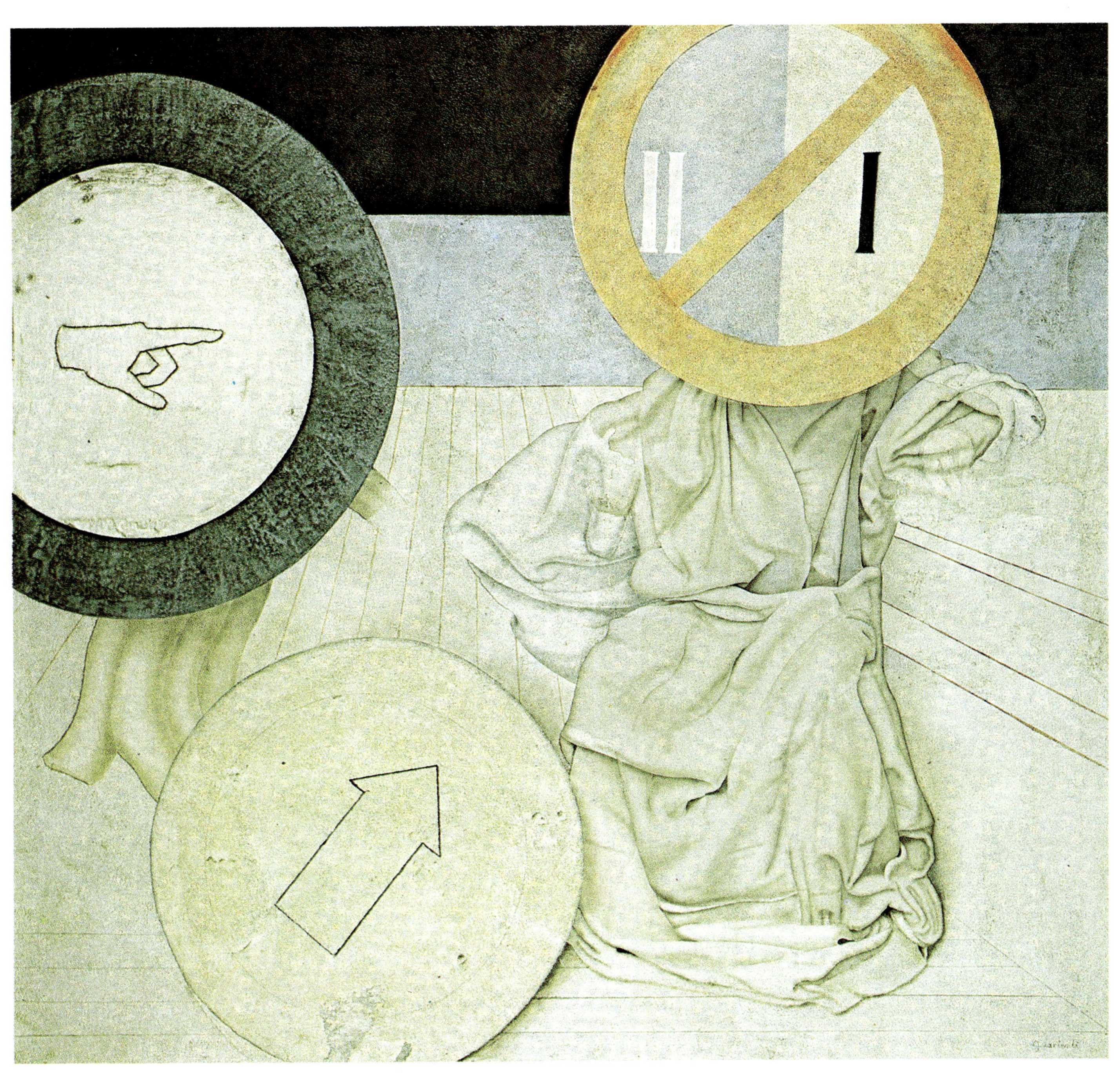

I giorni felici e gli altri, 1977
technique mixte sur panneau/mixed media
on panel
140 x 154 cm

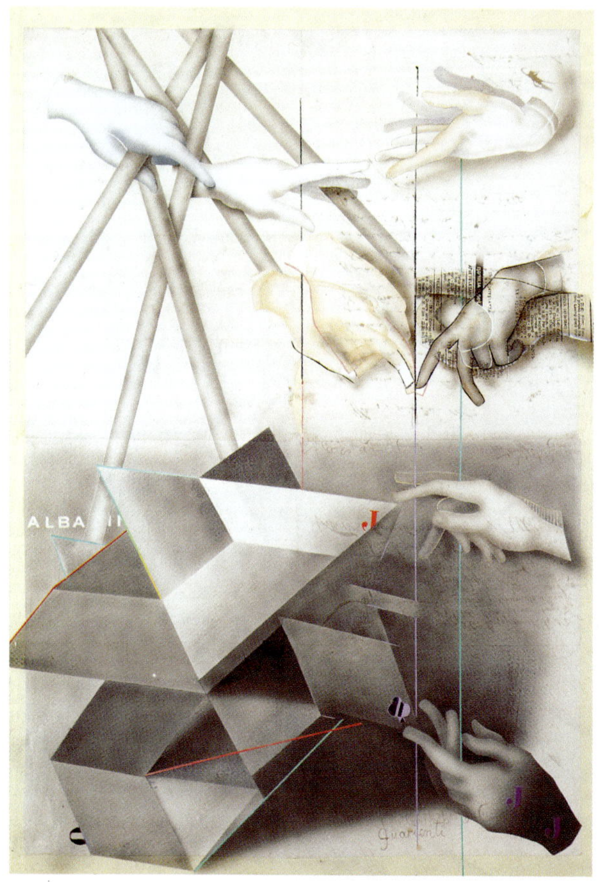

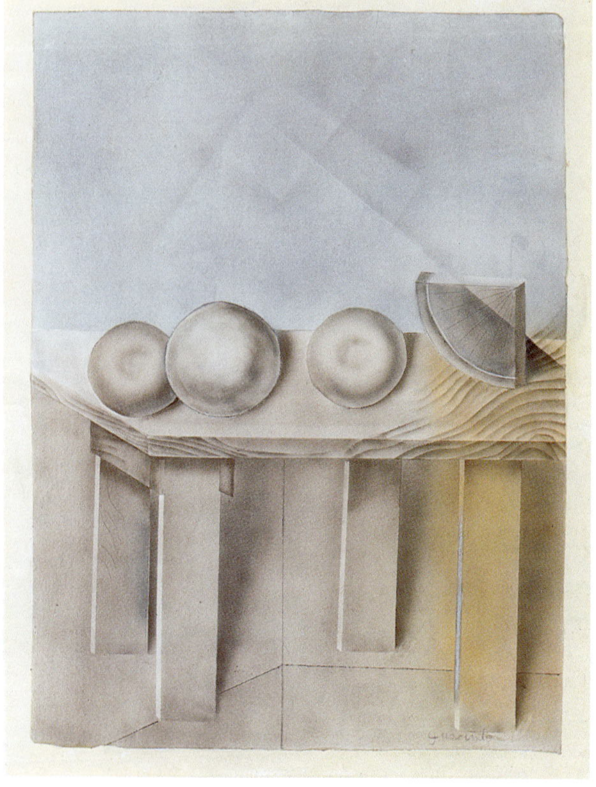

Senza titolo, 1979
aquarelle/watercolor
62,9 x 44,7 cm

Tavola con palle, 1979-80
aquarelle/watercolor
56,5 x 39,5 cm

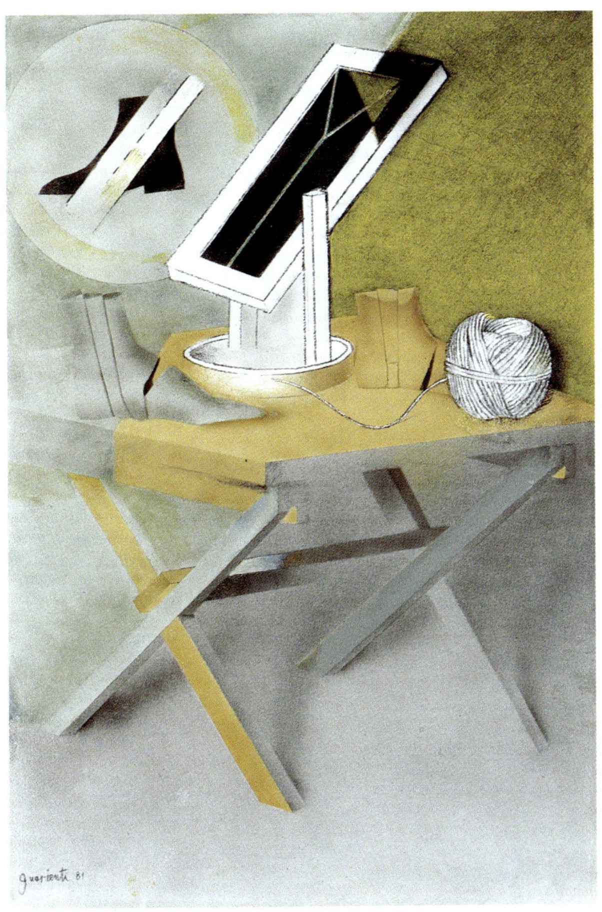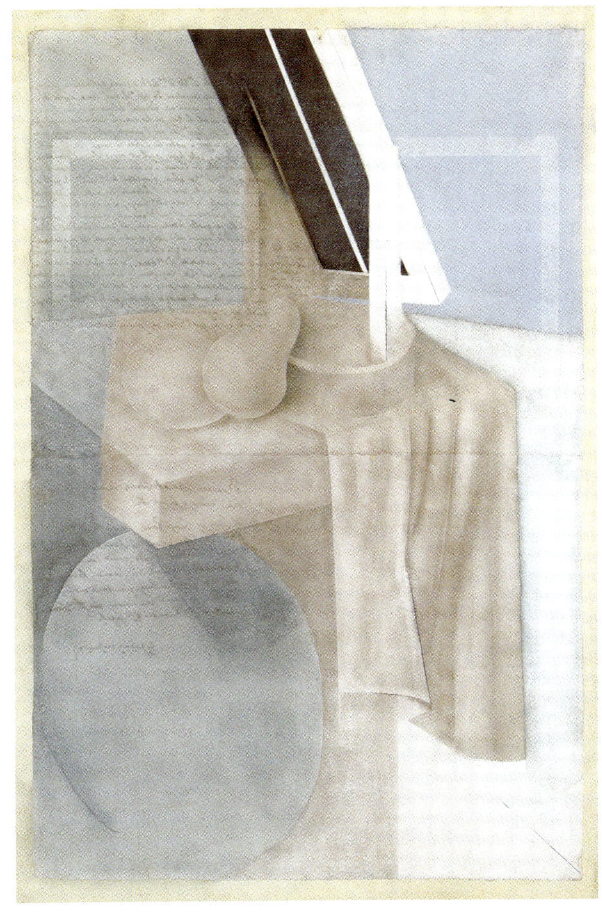

Tavola con specchio, 1981
aquarelle/watercolor
60,5 x 40,5 cm

Tavola con specchio, 1981
aquarelle/watercolor
62,5 x 43,5 cm

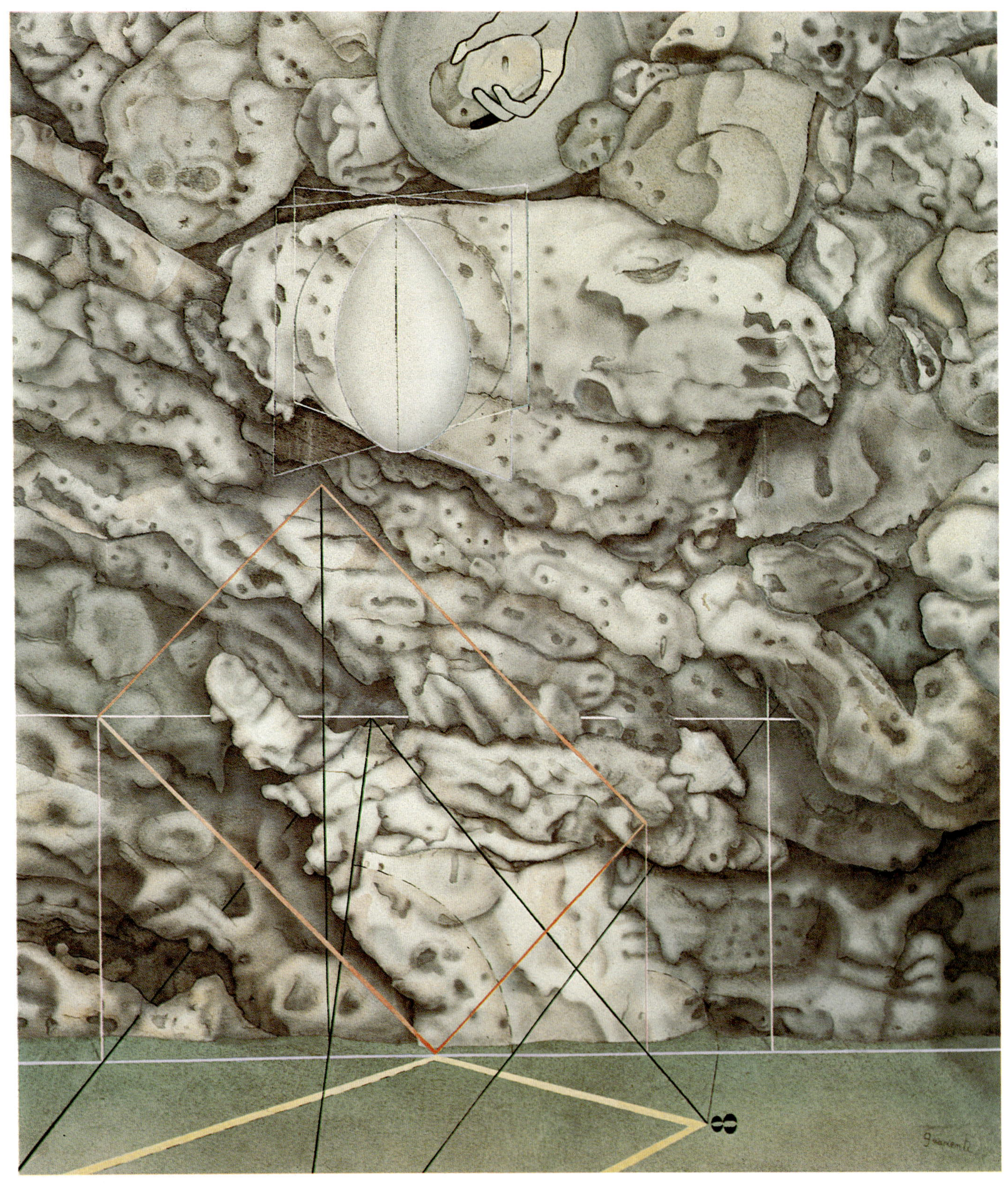

Rocce, 1978
technique mixte sur panneau/mixed media
on panel
154 x 140 cm

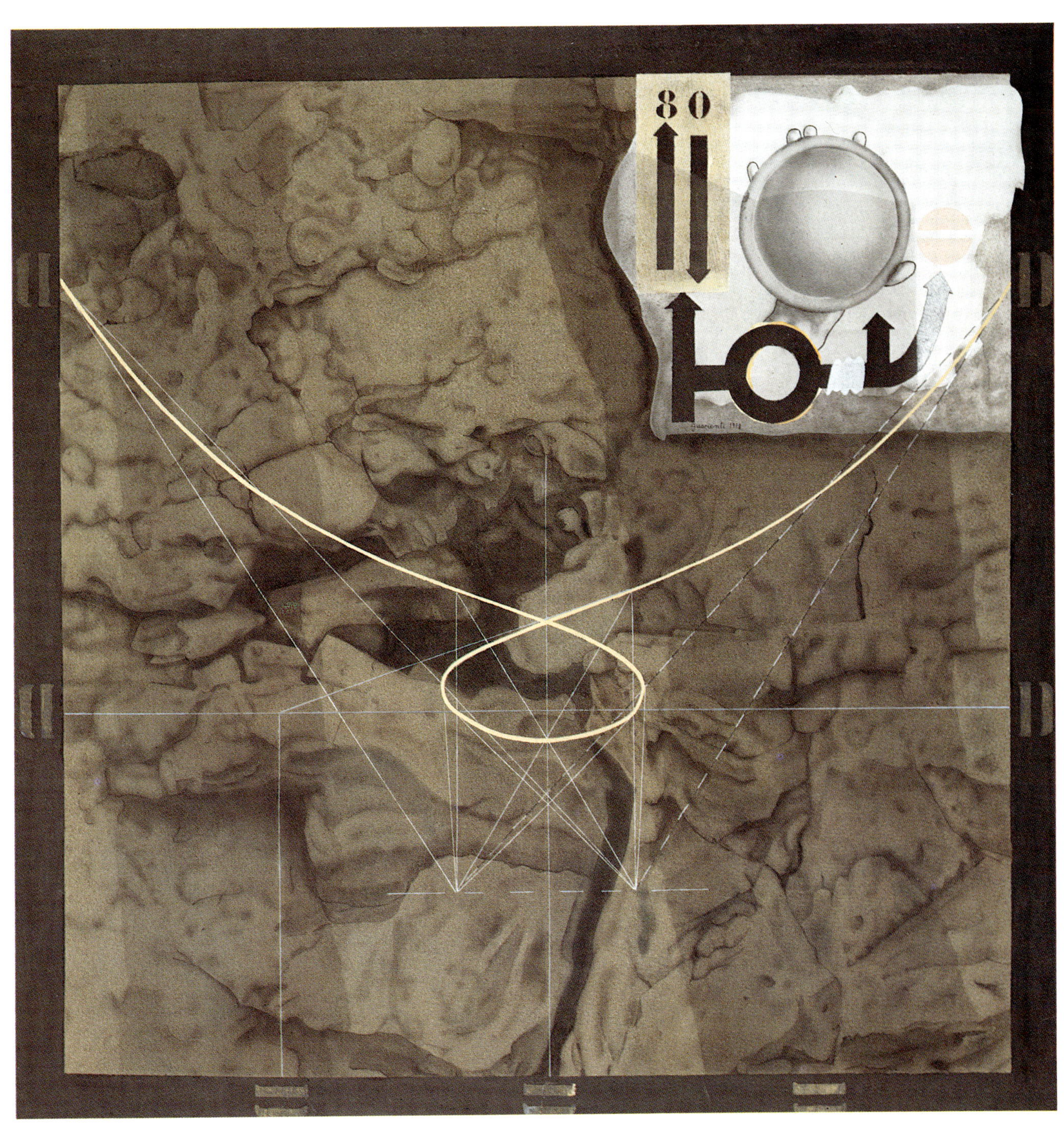

Rocce, 1978
technique mixte sur panneau/mixed media
on panel
125 x 125 cm

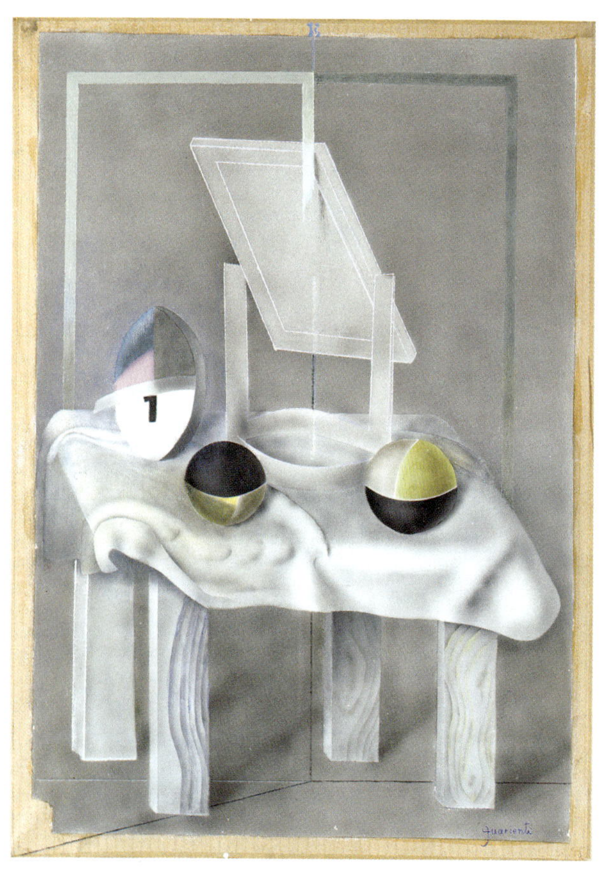

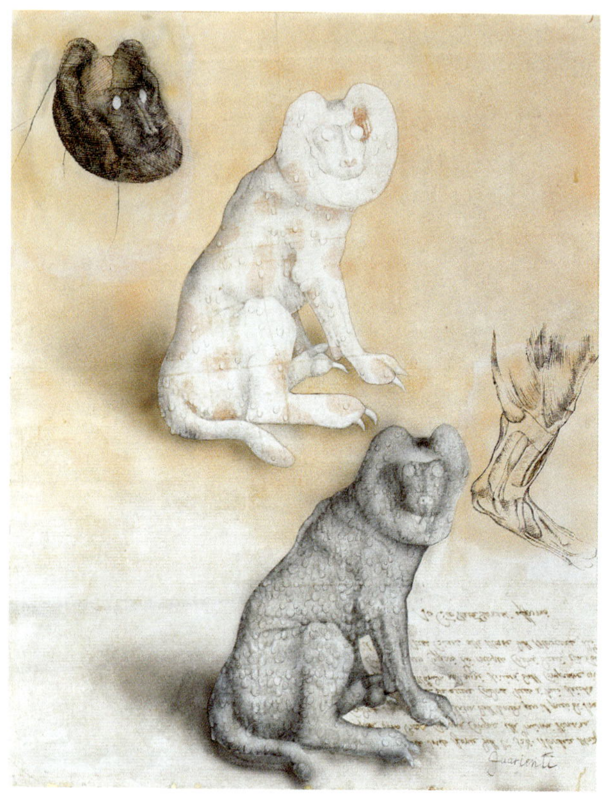

Tavola con specchio, 1979-80
aquarelle/watercolor
56,5 x 39,5 cm

Senza titolo, 1976
aquarelle/watercolor
50 x 39 cm

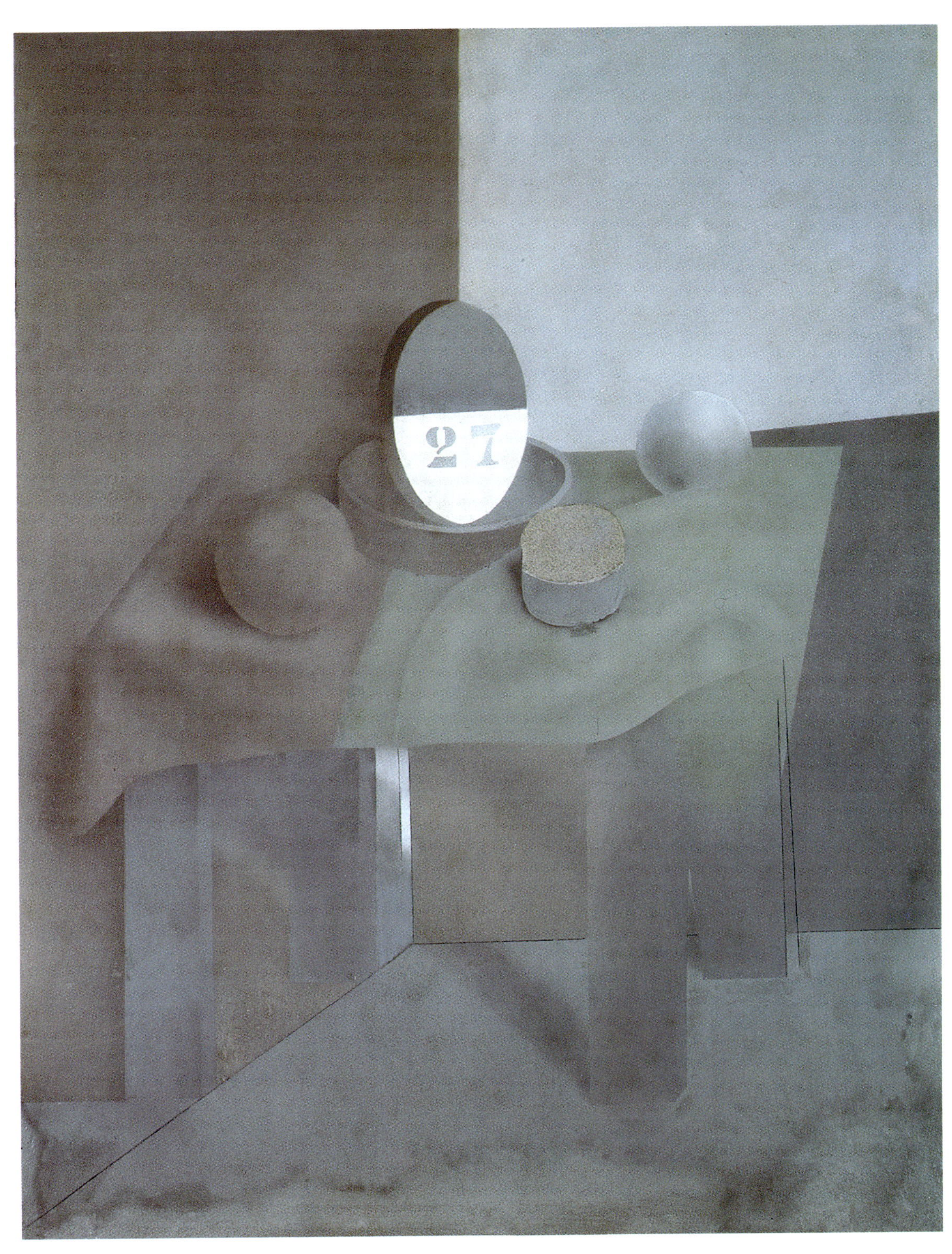

Natura morta, 1980
technique mixte sur papier marouflé
sur toile/mixed media on paper mounted
on canvas
92 x 74 cm

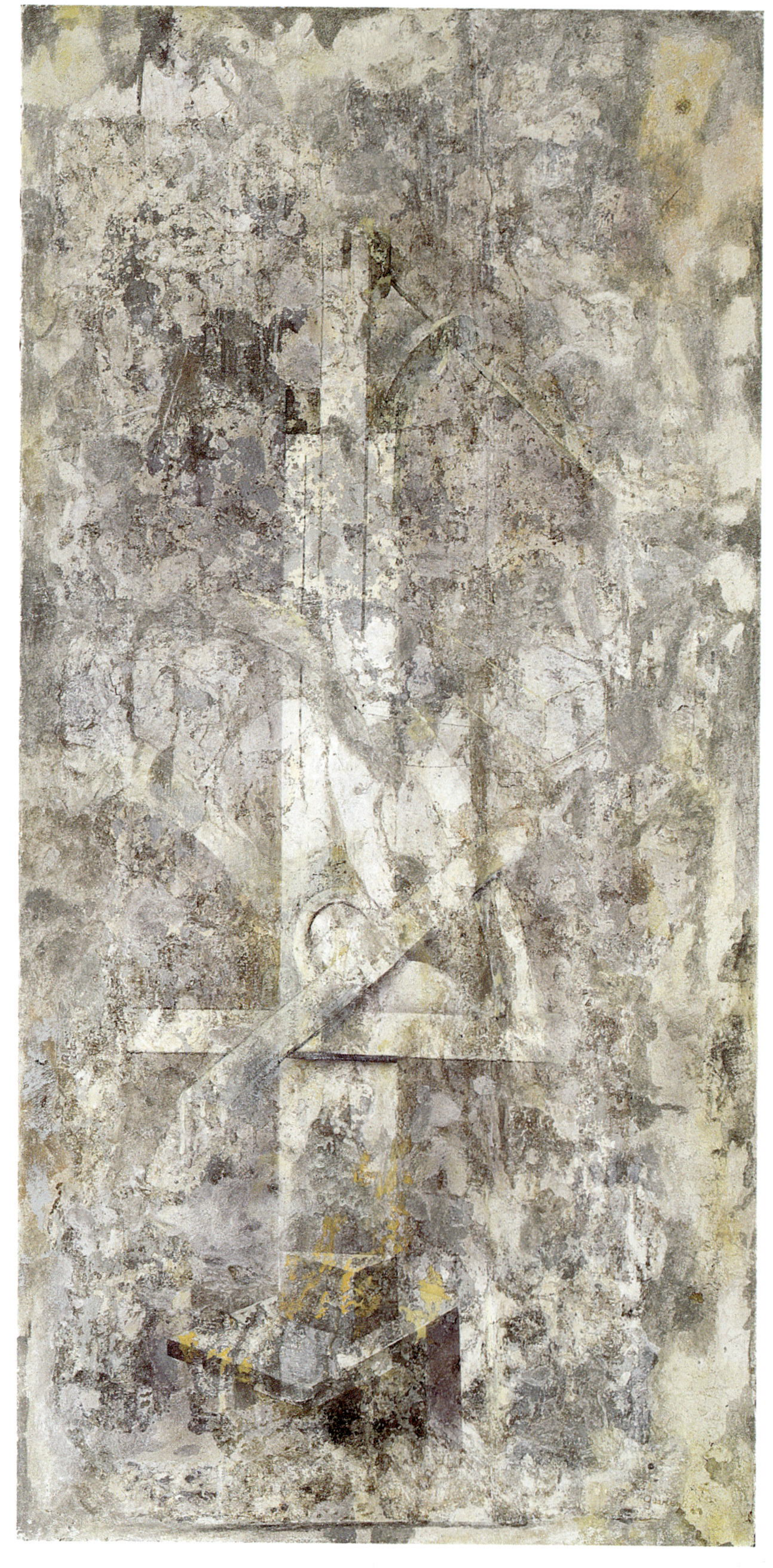

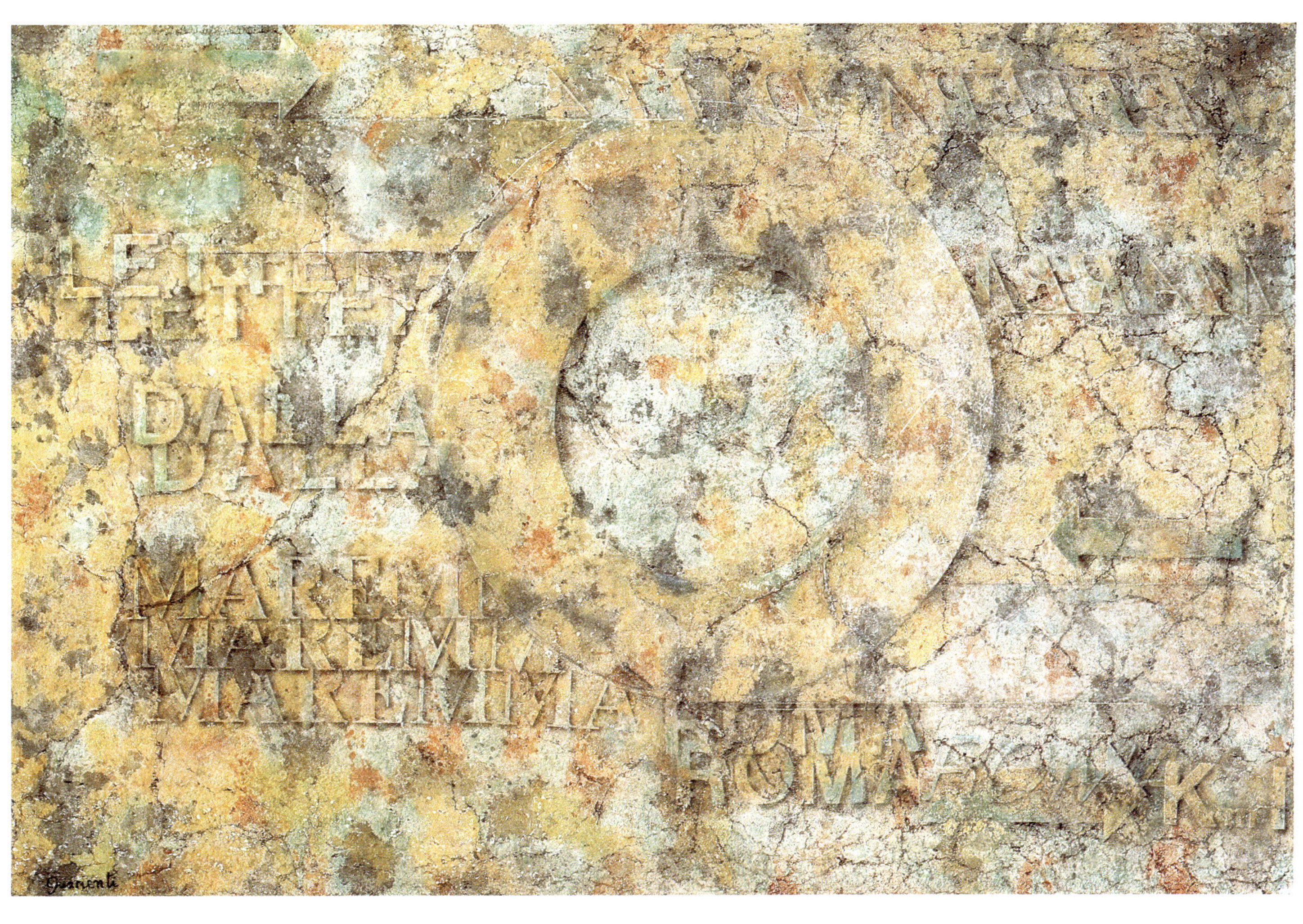

Omaggio a Villa Adriana, 1991
technique mixte sur panneau/mixed
media on panel
140x70 cm

Lettera dalla Maremma, 1991
technique mixte sur panneau/mixed
media on panel
100 x 150 cm

Lettera da Italia, 1990
technique mixte sur panneau monté
sur métal/mixed media on panel mounted
on metal
180 x 230 cm

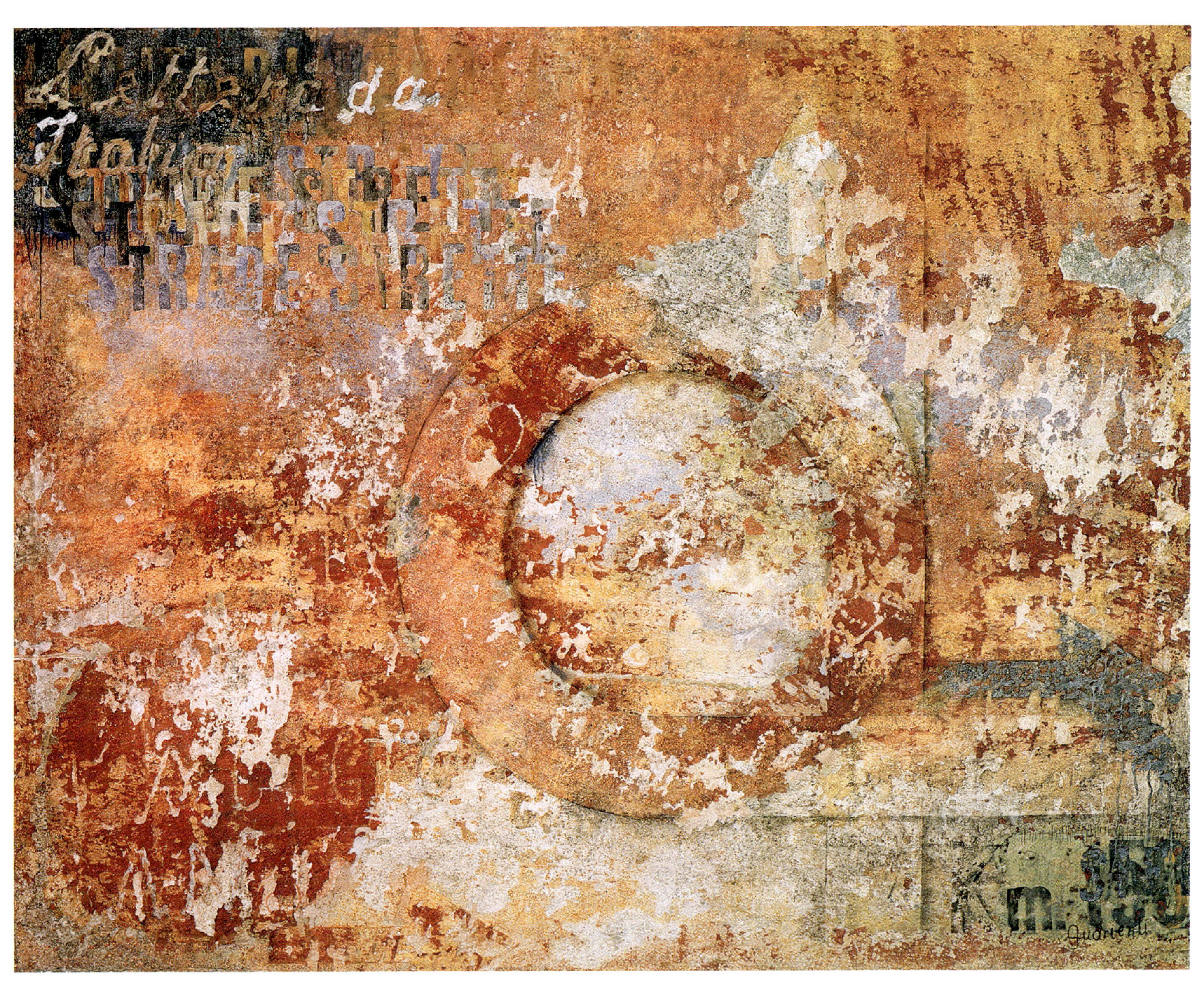
Lettera da
Italia
STRADE STRETTE
STRADE STRETTE
STRADE STRETTE

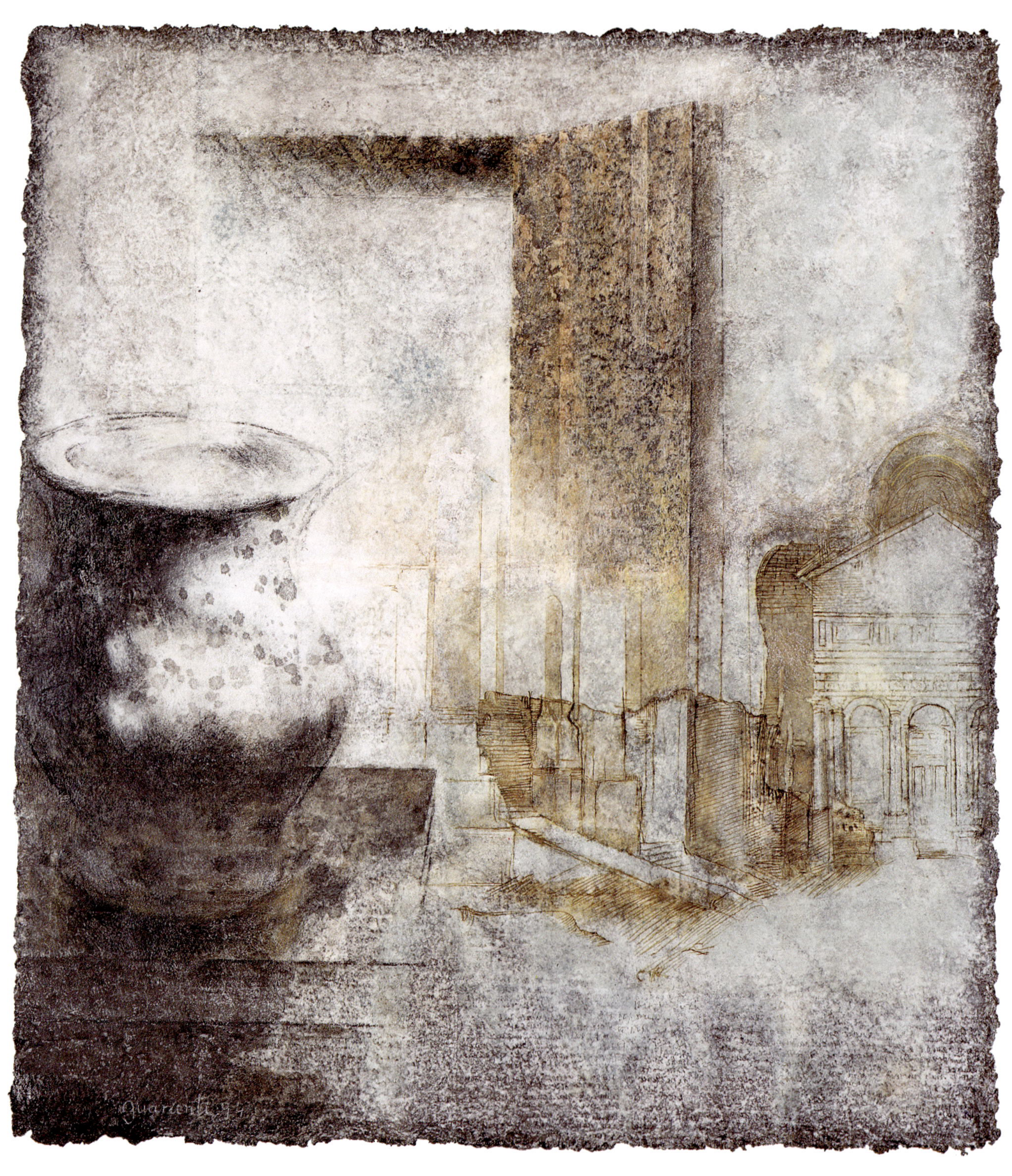

Paesaggio, 1992
technique mixte sur panneau/mixed media
on panel
79 x 98,5 cm

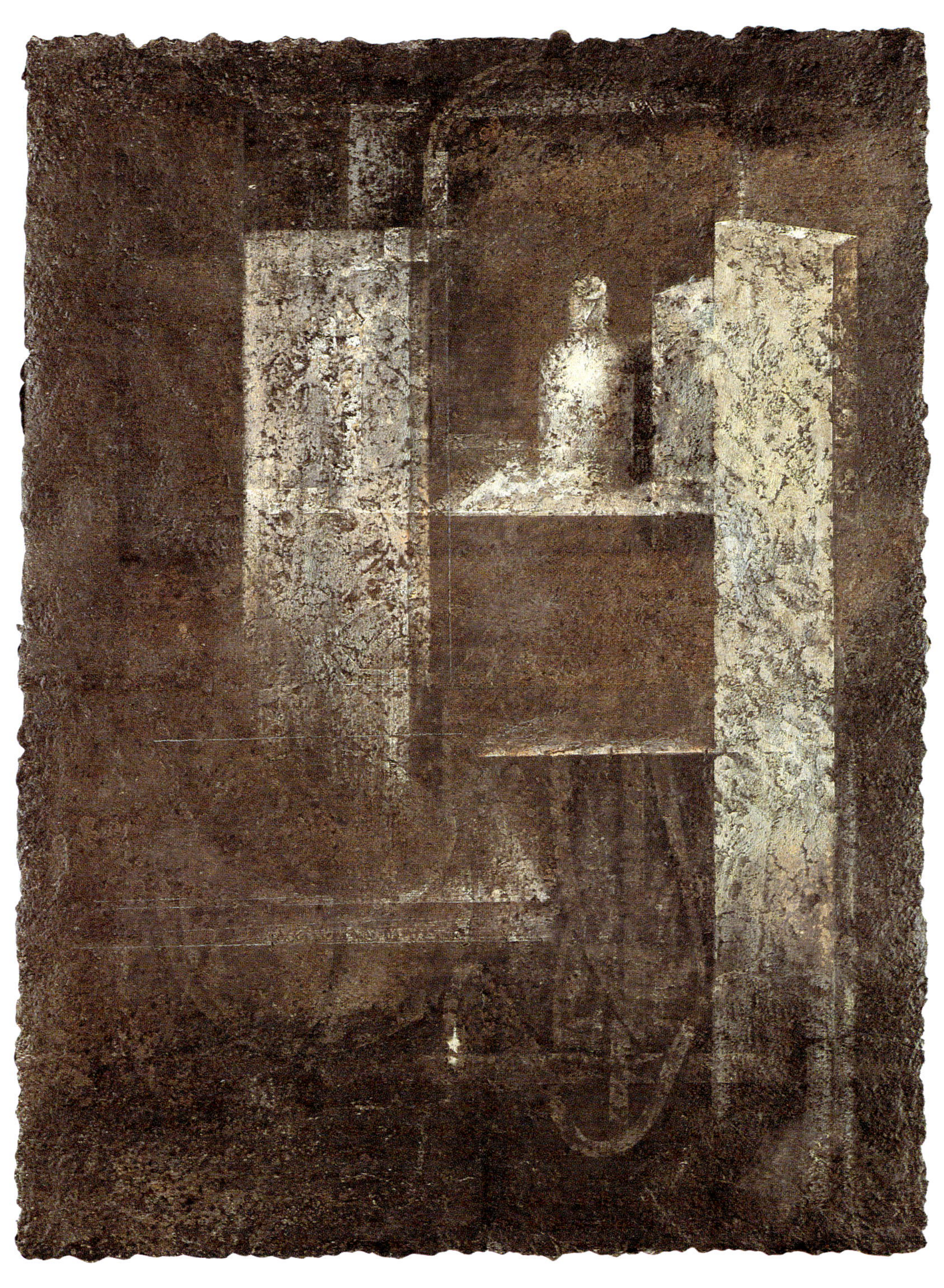

Natura morta, 1993
technique mixte sur panneau/mixed media
on panel
109 x 85 cm

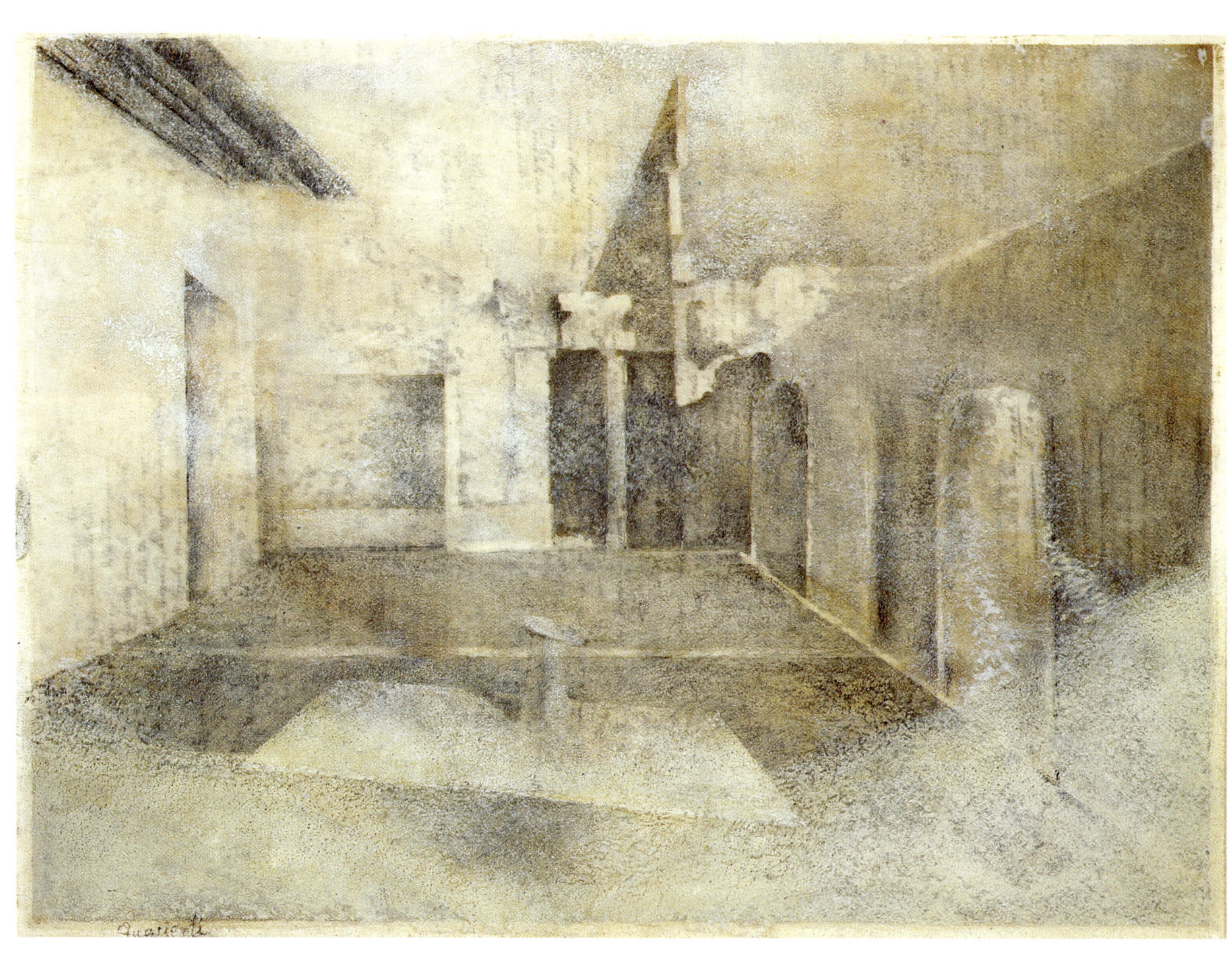

Paesaggio, 1995
technique mixte sur papier marouflé sur
panneau/mixed media on paper mounted
on panel
63 x 83 cm

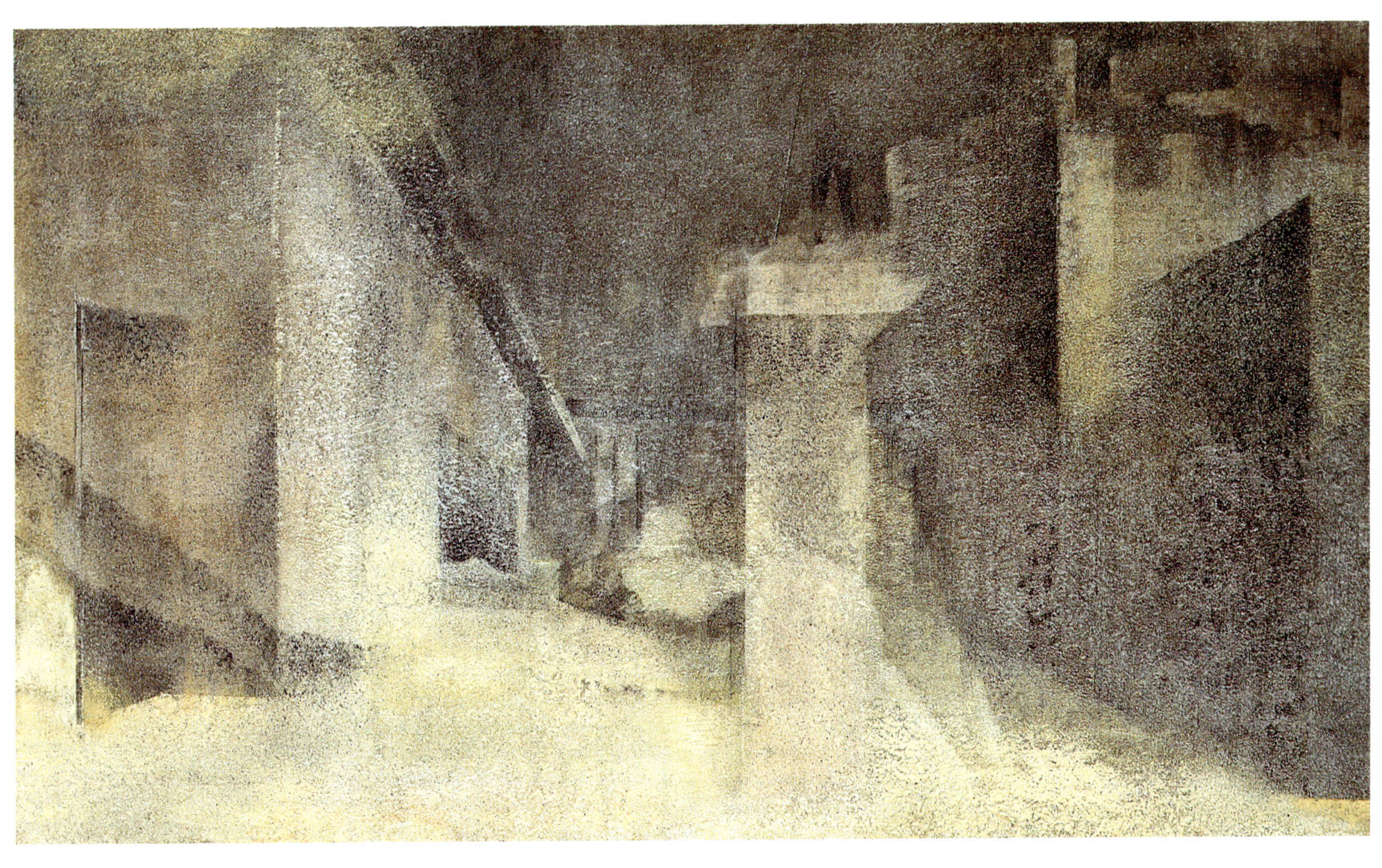

Paesaggio, 1997-98
technique mixte sur panneau/mixed media
73 x 121 cm

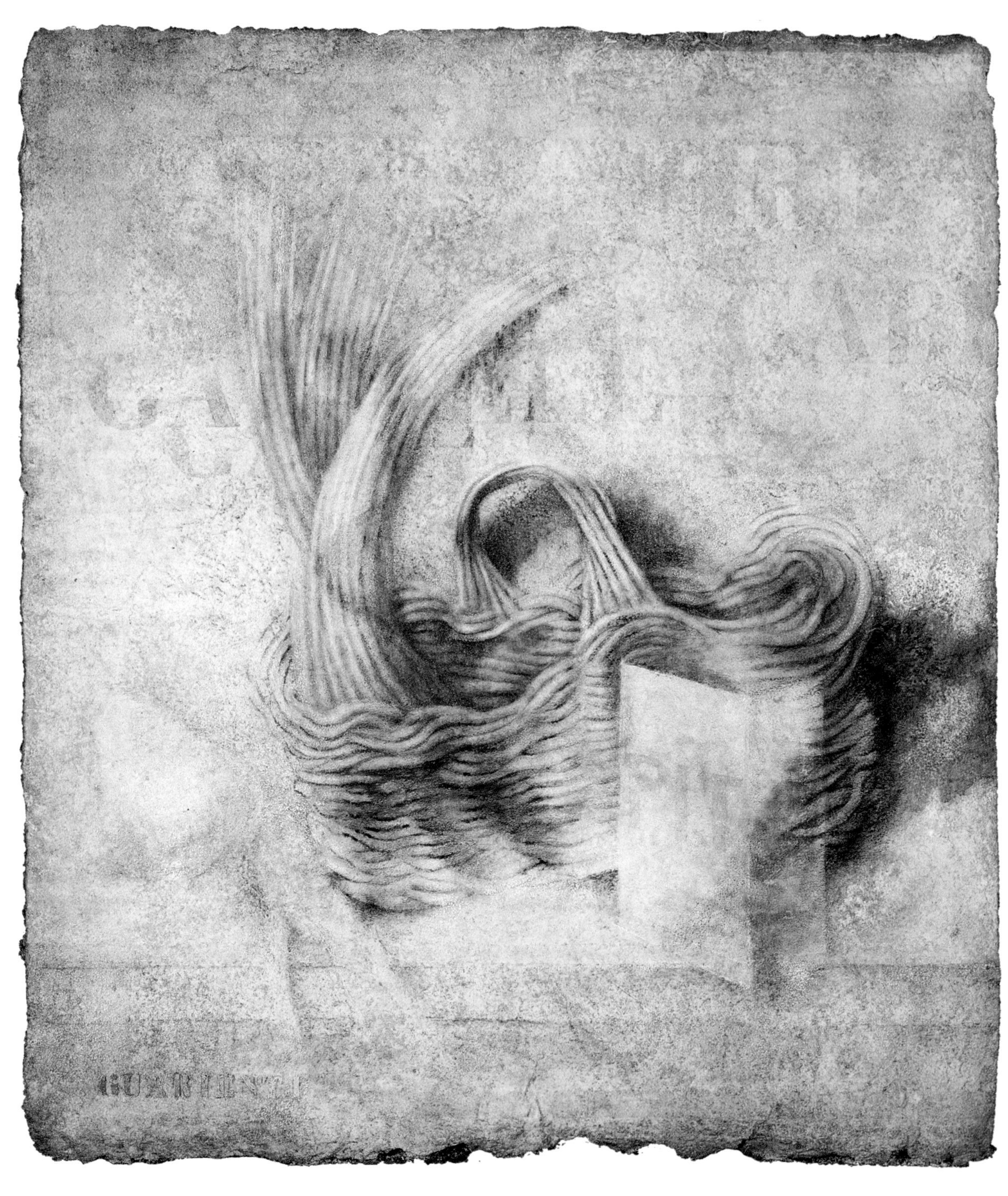

Natura morta, 1998-99
technique mixte sur panneau/mixed media
on panel
78 x 70 cm

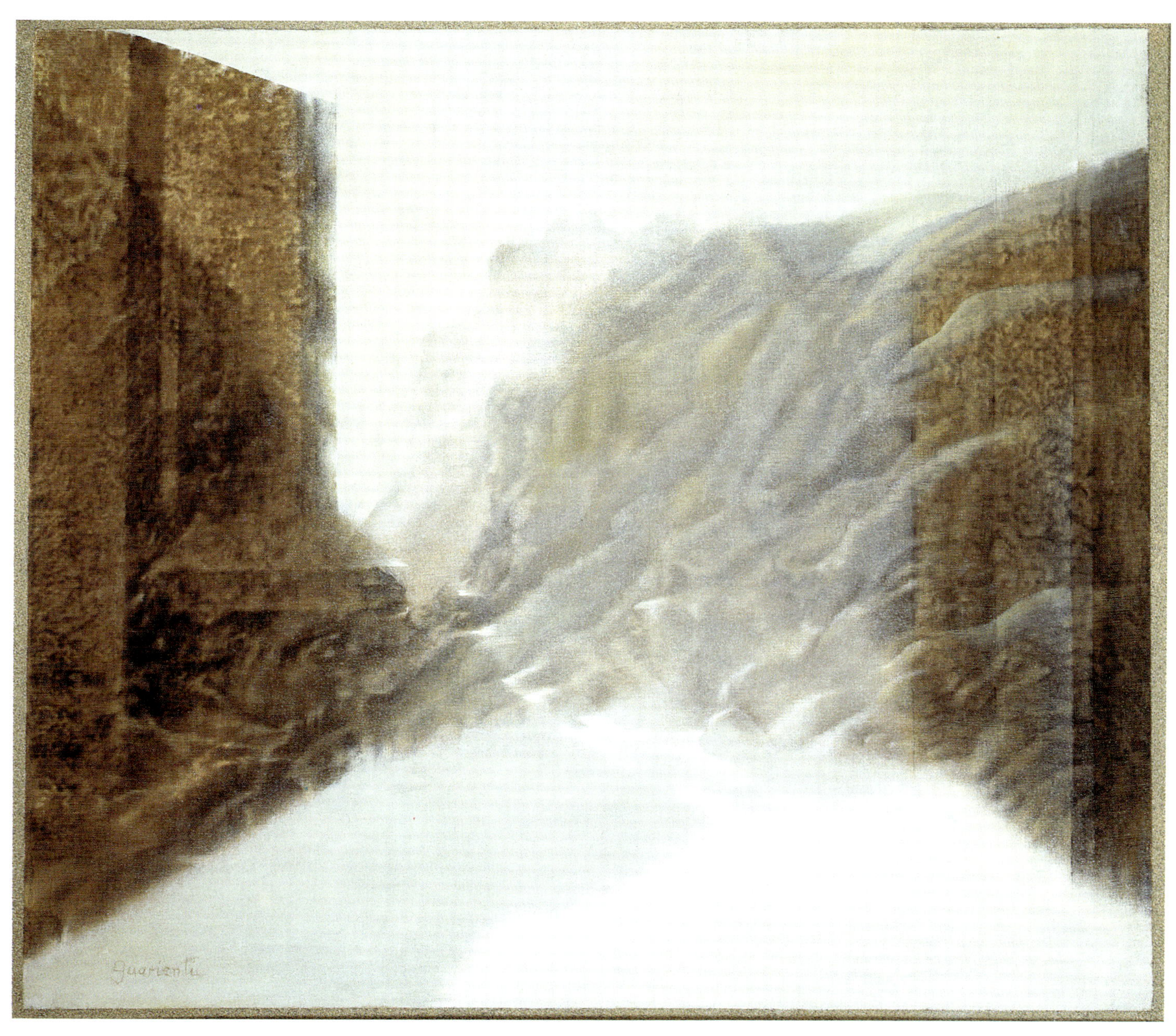

Omaggio a Casper David Friedrich,
1998-99
technique mixte sur toile/mixed media
on canvas
96 x 112 cm

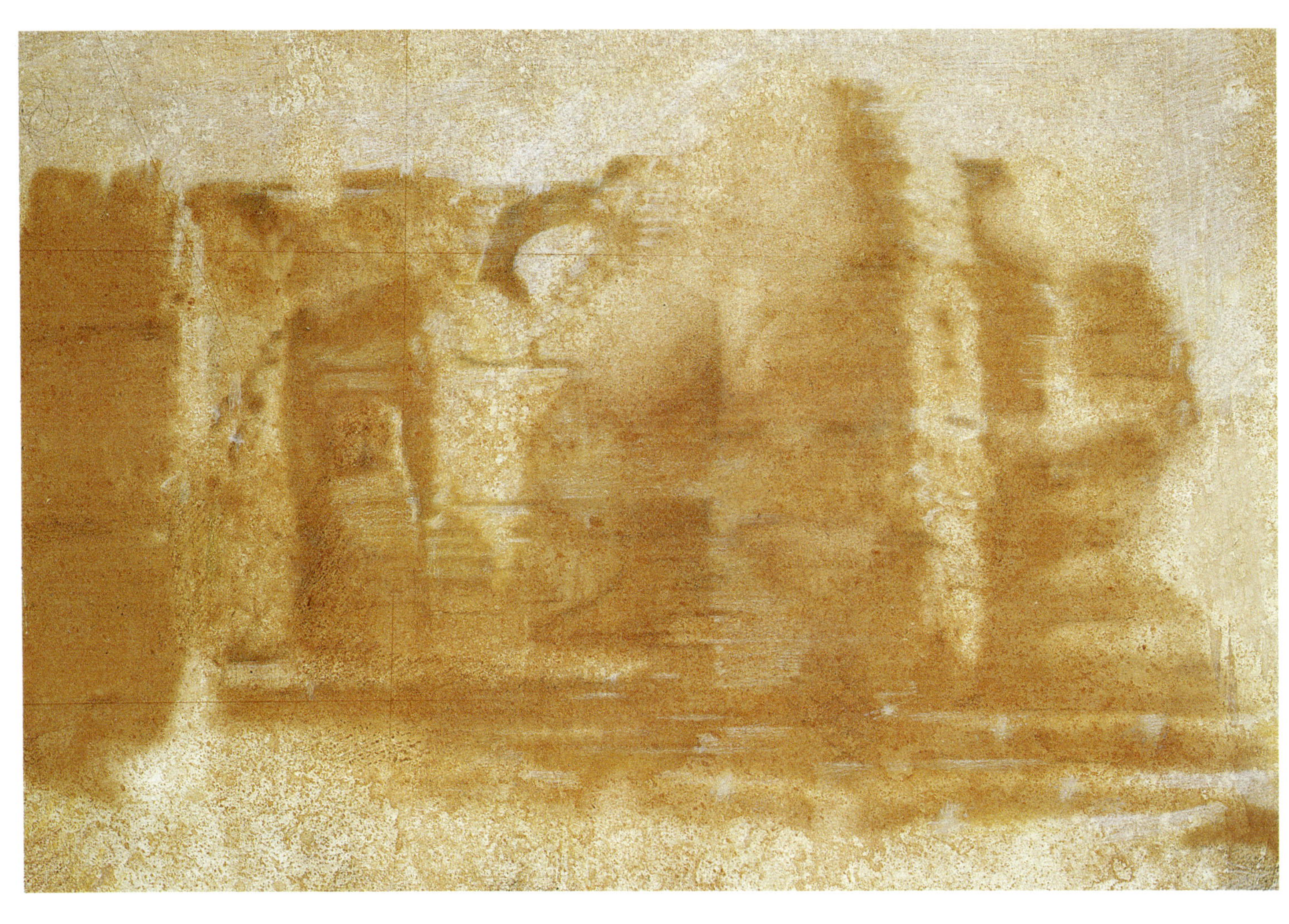

Rovine, 1999
aquarelle sur papier marouflé sur panneau/
watercolor on paper glued on panel
44 x 63 cm

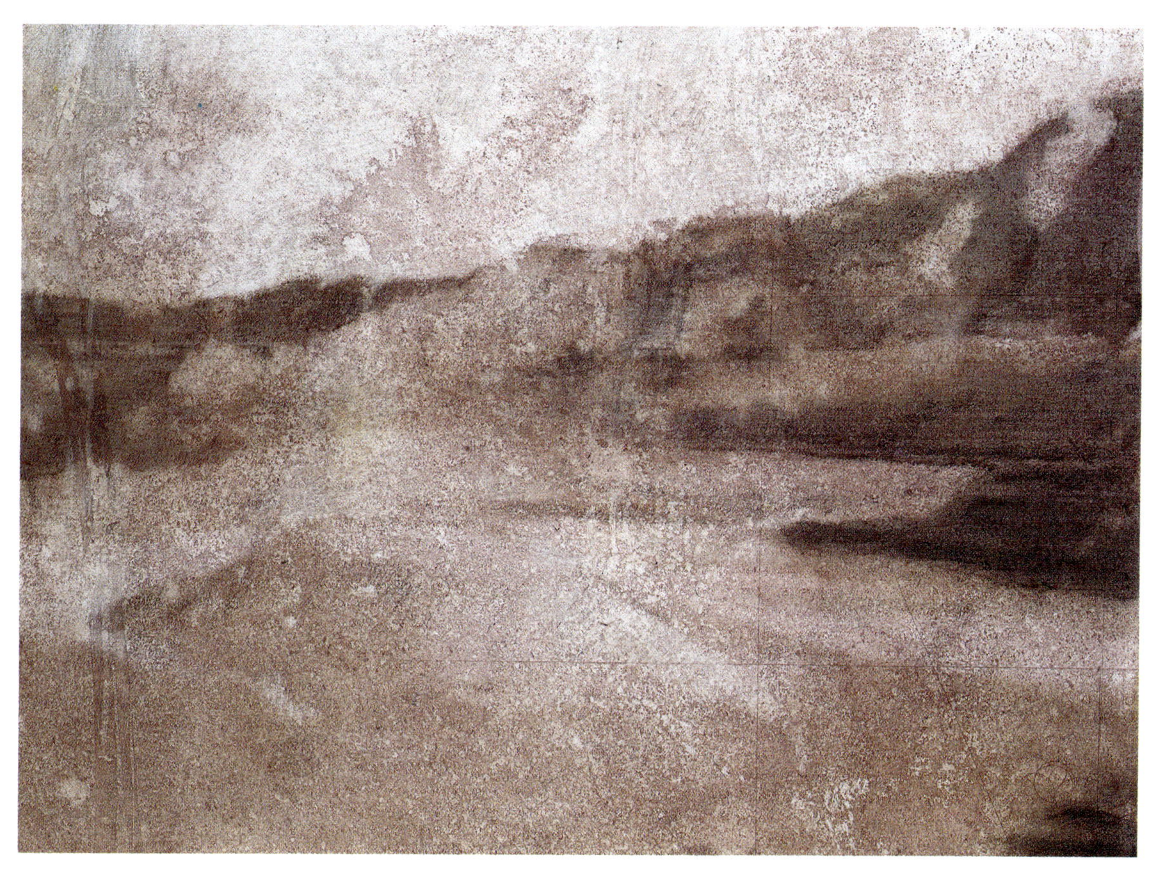

Paesaggio, 1999
aquarelle sur papier marouflé sur panneau/
watercolor on paper glued on panel
54 x 77 cm

Bagnanti, 1999
technique mixte sur toile/mixed media
on canvas
83 x 70 cm

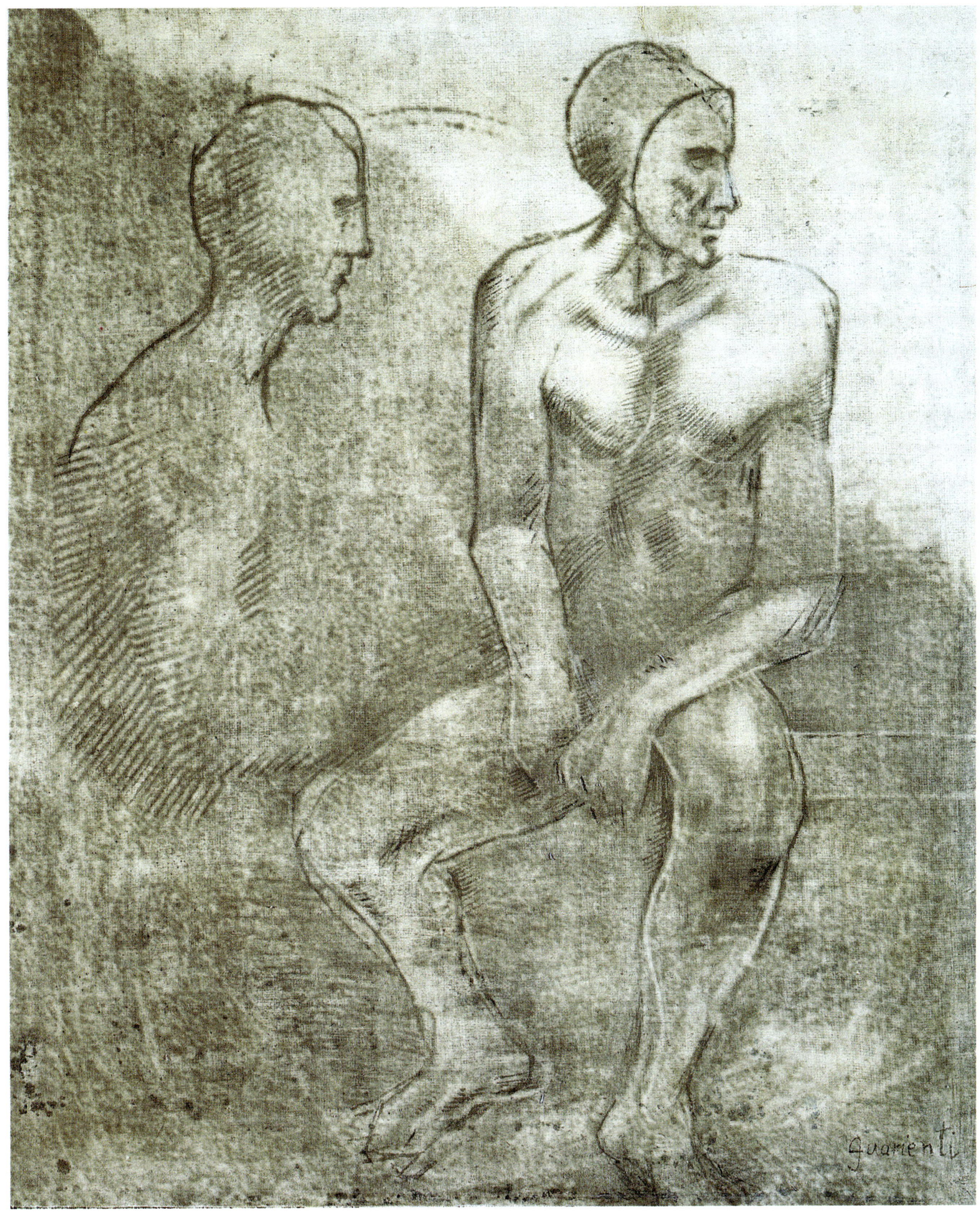

Guarienti

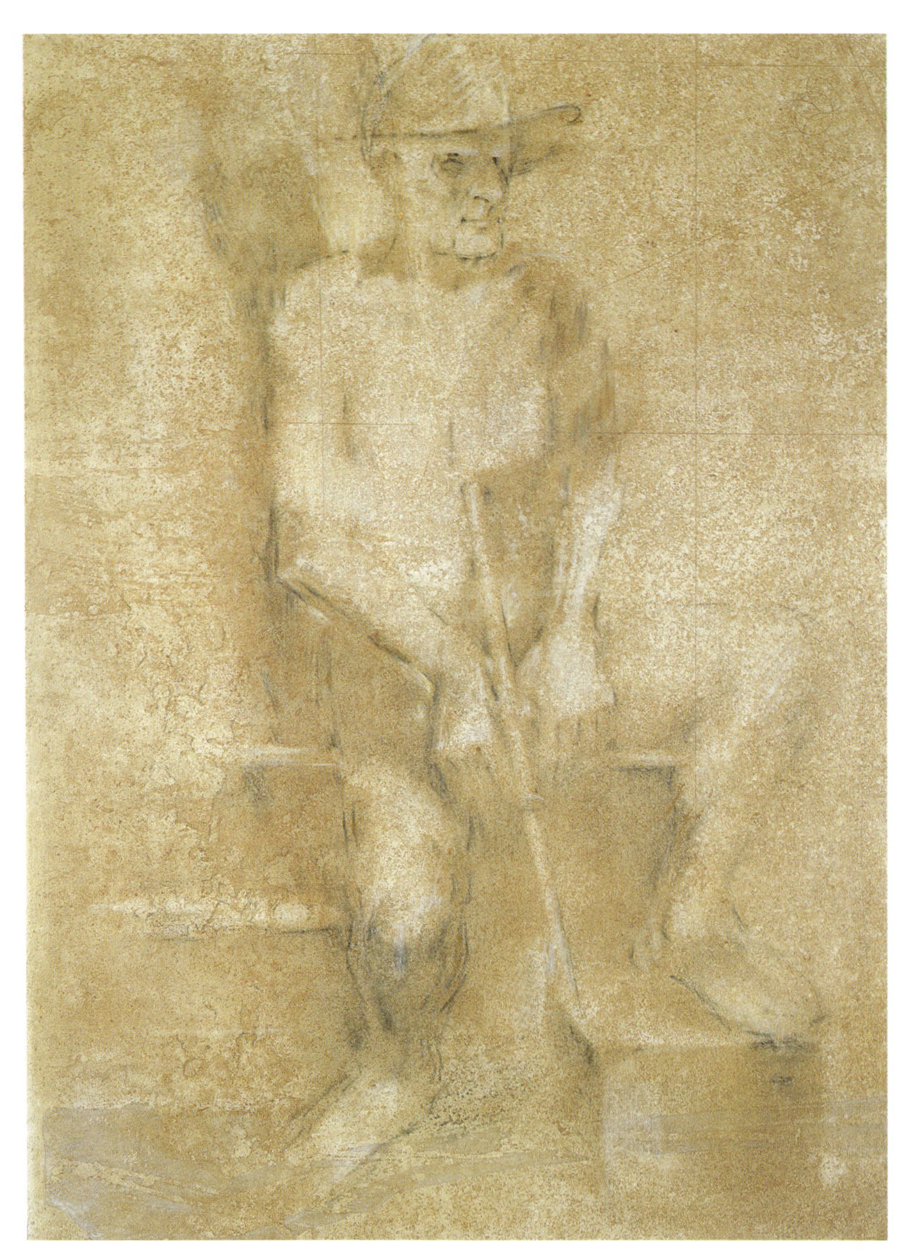

Figura con bastone, 1999
aquarelle sur toile marouflé sur panneau/
watercolor on canvas mounted on panel
77 x 57 cm

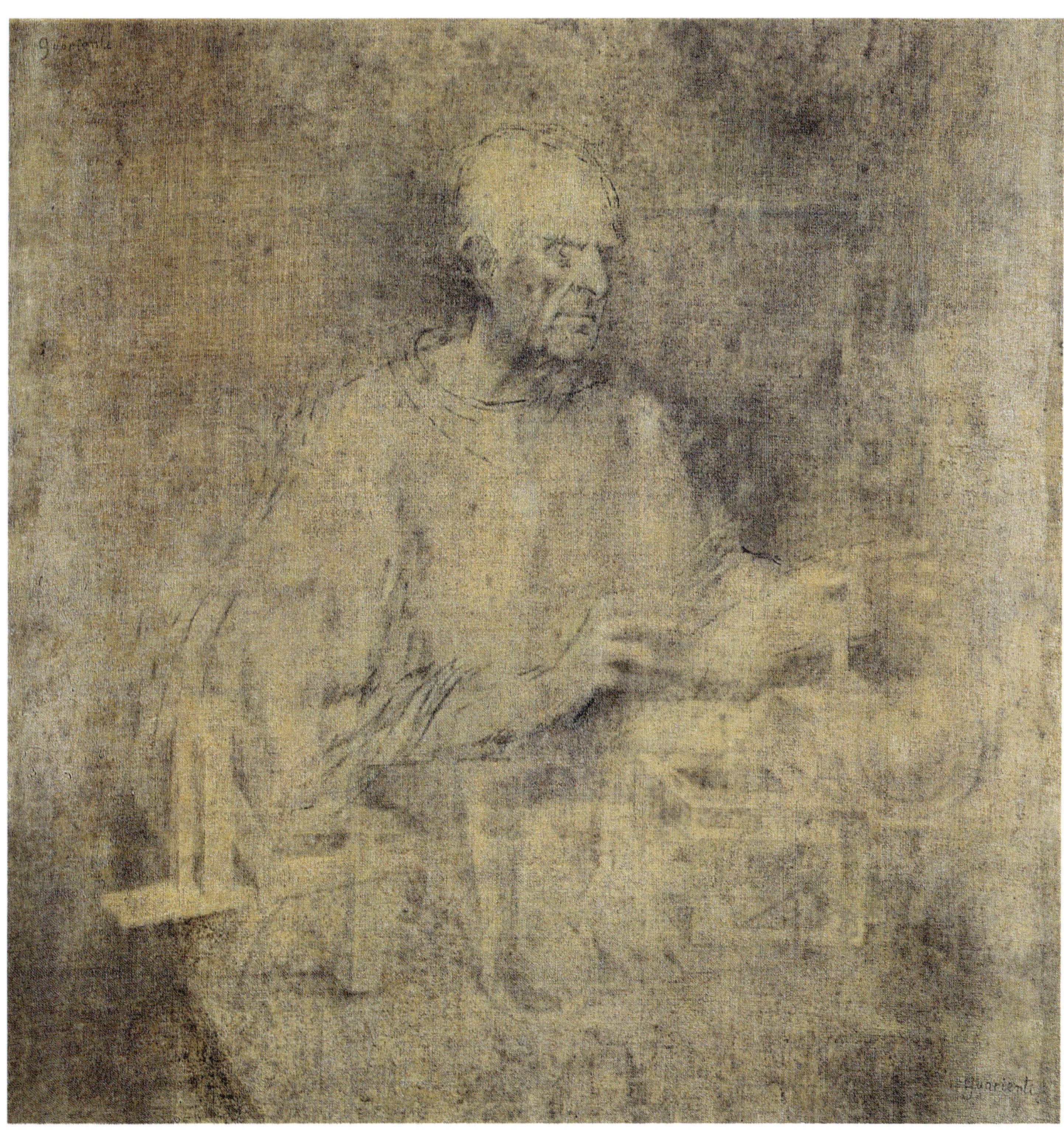

Autoritratto, 1999
technique mixte sur toile/mixed media on
canvas
83 x 83 cm

p. 52
Autoritratto, 2000
technique mixte sur toile/mixed media on
canvas
120 x 106 cm

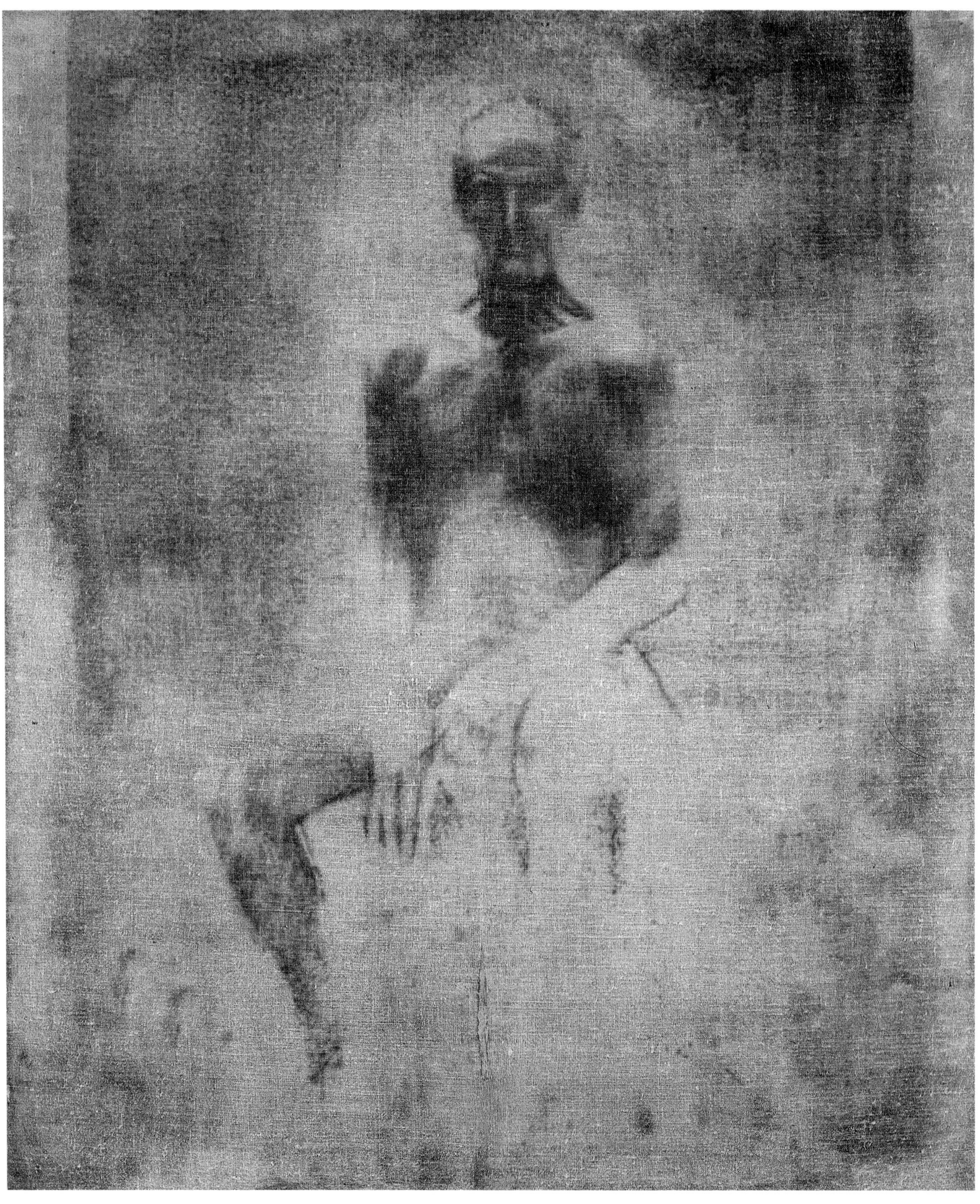

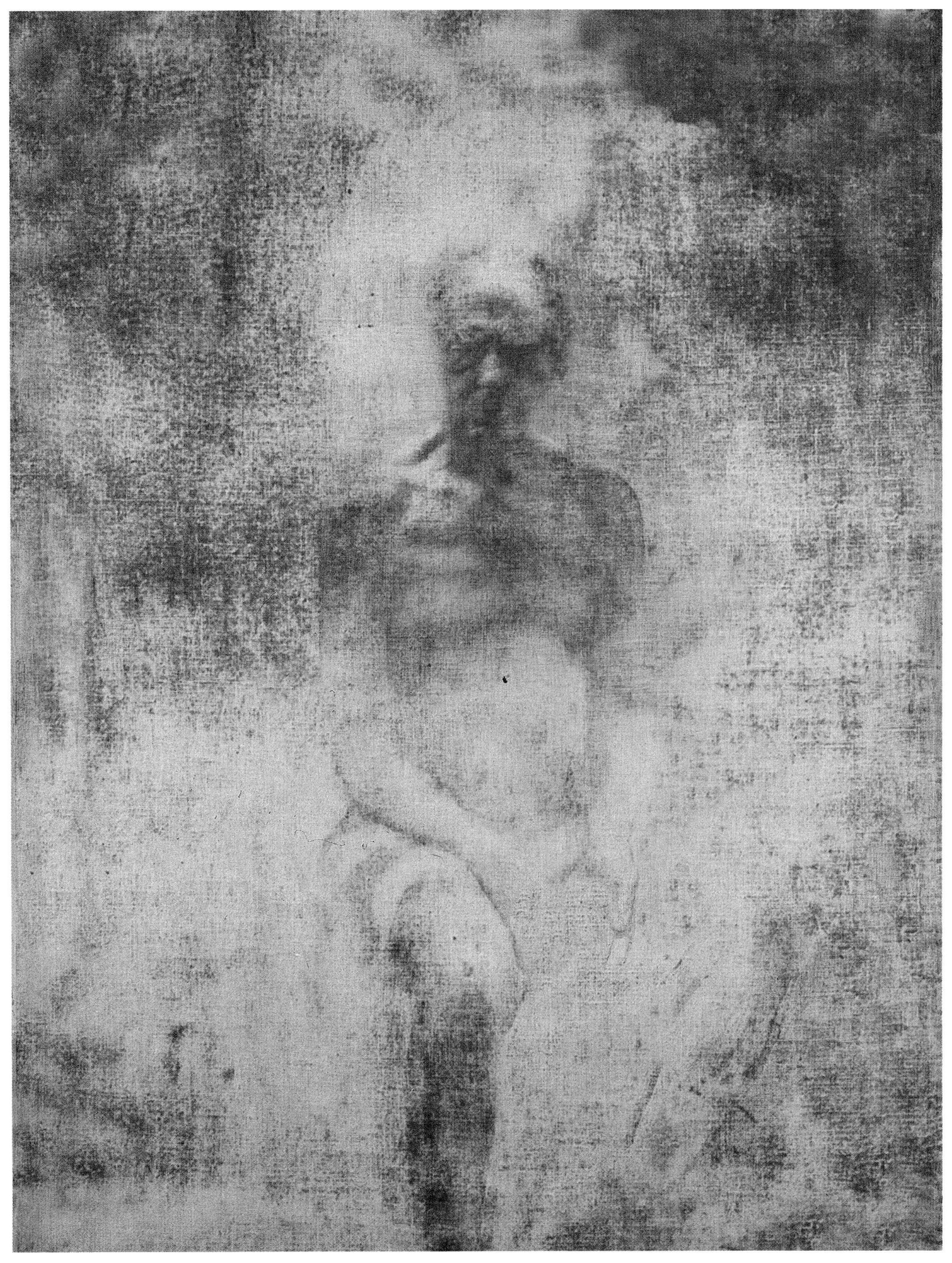

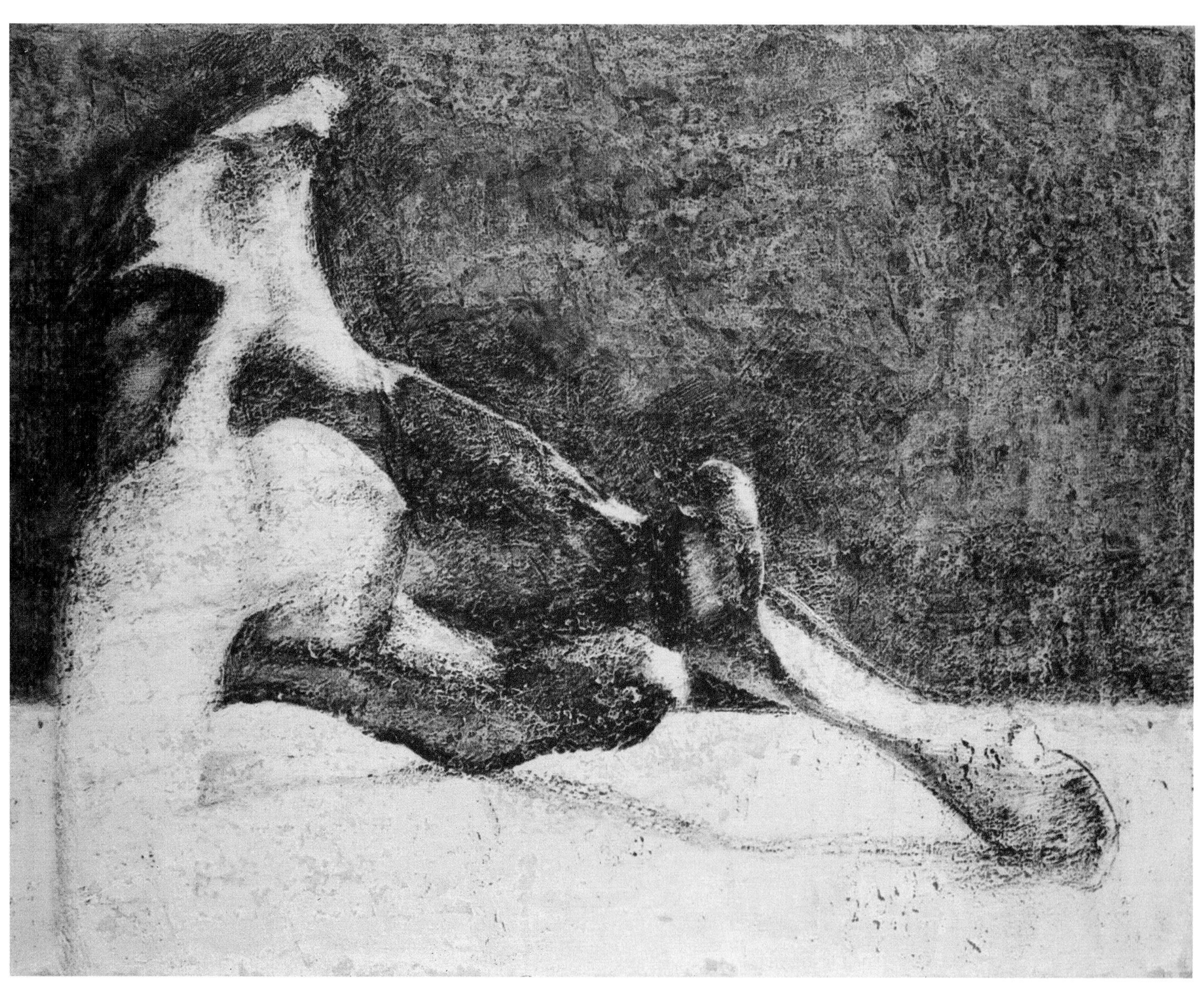

p. 53
Autoritratto, 2000
technique mixte sur toile/mixed media on
canvas
180 x 140 cm

Figura, 2000
technique mixte sur toile/mixed media on
canvas
146 x 185 cm

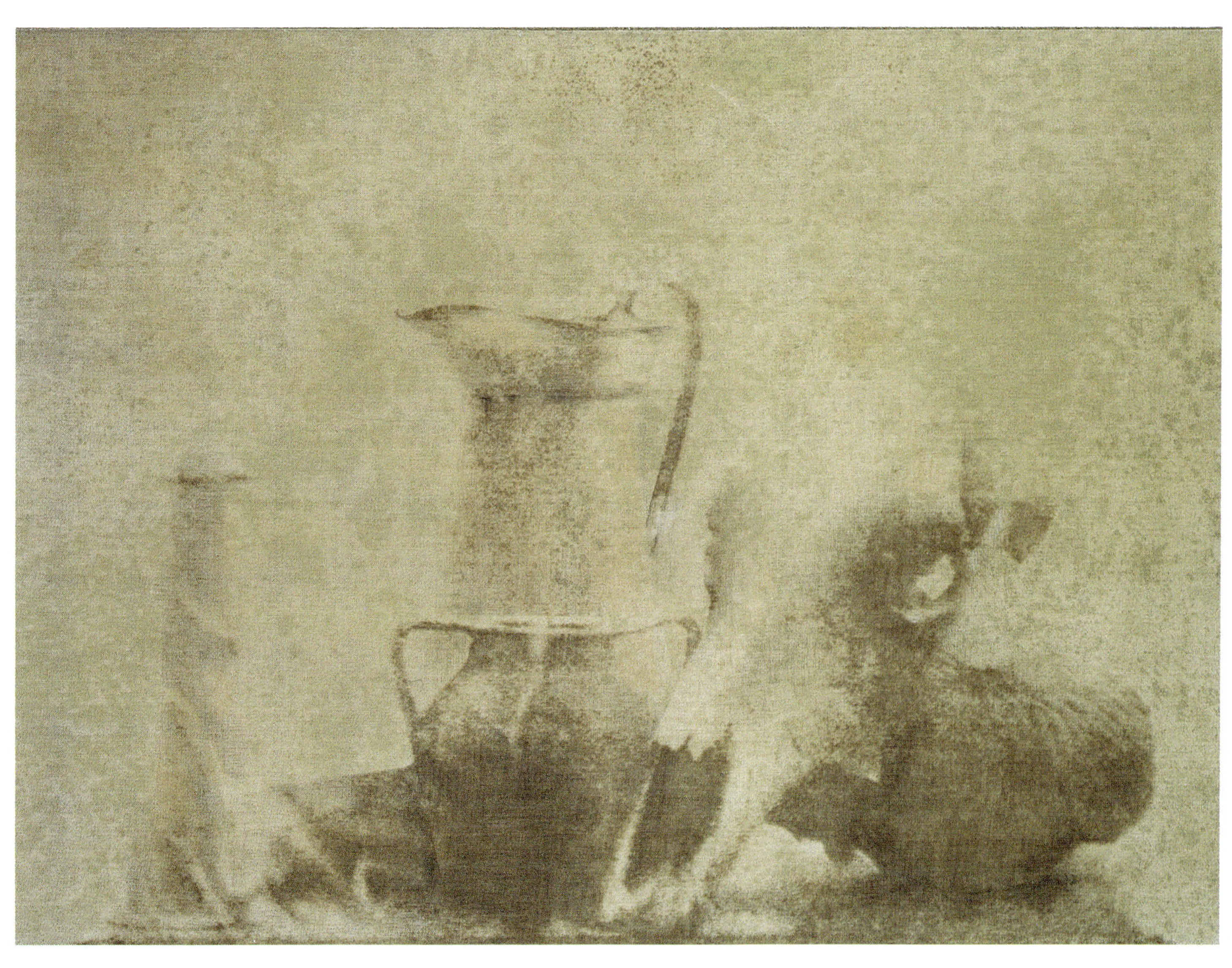

Natura morta, 2000
technique mixte sur toile/mixed media on
canvas
88 x 104 cm

APPENDICE/APPENDIX

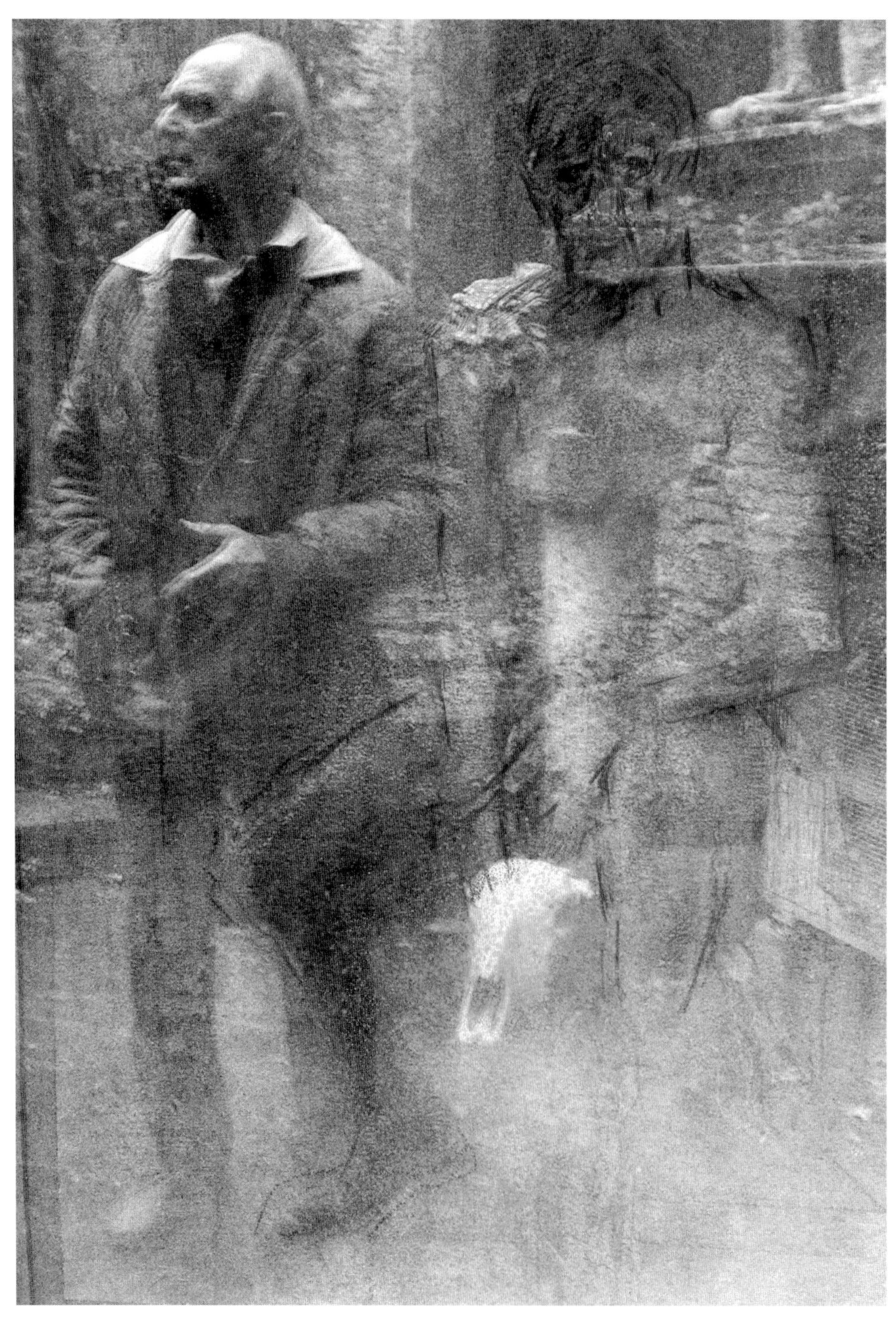

Biographie

Carlo Guarienti naît à Trévise en 1923.
Docteur en médecine, à partir de 1949, il se dédie exclusivement à la peinture.

Il a collaboré à la réalisation de nombreux décors pour la télévision italienne.

Comme illustrateur, il a réalisé entre autre pour les éditions Curcio de Rome *Il Purgatorio* en 1966.

On doit à Carlo Guarienti une très importante œuvre gravée comportant de nombreuses lithographies, sérigraphies et gravures une desquelles *Il Banchetto* (180x140 cm) réalisée par la 2RC de Rome pour les Edizioni del Naviglio de Milan.

Pour accompagner un texte de Raffaele Carrieri, *I rebus di Guarienti,* il a réalisé un album de cinq lithographies pour les Edizioni Aldina de Rome. Pour un texte de Giovanni Arpino *Il giuoco dell'oltraggio*, il a réalisé un autre album de cinq sérigraphies (Edizioni del Naviglio, Milan).

Il a illustré avec quatre lithographies le volume de poésies de Giorgio Soavi *Perché una cosa è vera e l'altra no?* et avec cinq lithographies et quatre dessins, un recueil de quatorze poésies inédites de André de Rache *Les nuits récompensées.*

Aux Edizioni 2RC de Rome est paru *Pretesti,* six poésies de Julio Cortazar avec un grand nombre de ses gravures.

Pour le Nouveau Cercle Parisien du Livre il a illustré *Crachefeu* de A. P. de Mandiargues. Ensuite pour les Edizioni Upiglio, il a illustré *Concerto per Rane*, un recueil de poésies de Osvaldo Patani. Auprés des Edizioni 2RC de Rome il a préparé cinq gravures pour un extrait de *La Sezione Aurea di Luca Pacioli*

Biography

Carlo Guarienti was born in Treviso in 1923. A doctor of medicine, he has devoted himself to painting since 1949.

He has worked on set design for many Italian television productions. His works as an illustrator include *Il Purgatorio* (1966), published by Curcio of Rome. Carlo Guarienti's prolific graphic output includes many lithographs, silk-screen prints and engravings, one of which, *Il Banchetto* (180x140 cm) was produced by 2RC of Rome for the Edizioni del Naviglio publishing company of Milan.

He contributed five lithograph illustrations for Raffaele Carrieri's *I rebus di Guarienti*, published by Edizioni Aldina, Rome. Carlo Guarienti produced another series of five serigraphs for Giovanni Arpino's *Il giuoco dell'oltraggio* (Edizioni del Naviglio, Milan). He provided four lithograph illustrations for Giorgio Soavi's book of poetry *Perché una cosa è vera e l'altra no*, and five lithographs and four drawings for a collection of fourteen previously unpublished poems by André de Rache, *Les nuits recompensées*. He contributed many engravings to *Pretesti*, six poems by Julio Cortazar, published by Edizioni 2RC, Rome. For the Nouveau Cercle Parisien du Livre, he illustrated A. P. Mandiargues's *Crachefeu*; he illustrated an anthology of poems by Osvaldo Patani's, *Concerto per Rane*, published by Edizioni Upiglio. He also contributed five engravings to an extract of *La Sezione Aurea di Luca Pacioli*, published by Edizioni 2RC, Rome.

Expositions / Exhibitions

Expositions personnelles
Solo exhibitions

1953
Galleria l'Obelisco, Roma
Galerie Weill, Paris
Galleria del Naviglio, Milano

1955
Galleria del Sagittario, Roma

1956
Galleria del Cavallino, Venezia

1958
Galerie Weill, Paris

1968
Galleria del Naviglio, Milano
Galleria Santo Stefano, Venezia
Galleria Toninelli, Roma

1971
Galleria La Piramide, Lucca
Galleria Davico, Torino

1973
Galleria del Naviglio, Milano
Galerie Zerbib, Paris
Galleria Forni, Bologna
Galerie Claude Jongen, Bruxelles

1974
Galerie Zerbib, Paris
Studio Mataloni, Roma
Galleria Bon à tirer, Milano

1975
Galleria La Tavolozza, Palermo
Galerie Heike Kurtze, Düsseldorf

1976
Galleria del Naviglio, Milano
Galleria dell'Oca, Roma
Galleria Forni, Bologna
Galerie Claude Jongen, Bruxelles

1977
Galerie de Seine, Paris

1978
Galleria del Naviglio, Milano
Galerie Le Point, Monte-Carlo

Galerie Forni, Amsterdam

1979
Galleria San Marco dei Giustiniani,
Genova
Galerie Jan Krugier, Genève
Galerie Scheidegger, Zürich

1980
Galerie Le Point, Monte-Carlo
Galerie Lucie Weill, Paris

1983
Galerie Albert Loeb, Paris
Galerie Lucie Weill, Paris
Galleria Torbandena, Treviso
Galleria Torbandena, Trieste
Galleria Metastasio, Prato

1984
Galleria Il Capricorno, Bormio
Galerie Guimiot, Bruxelles
Galleria Il Tempio, Brindisi

1985
Galleria del Naviglio, Milano
Galleria Consigli Arte, Parma
Centro Culturale Alaska, Cortina
d'Ampezzo
Galleria 32, SIME, Venezia
Galleria l'Affresco, FIAC, Paris
Galleria Forni, Bologna

1986
Galleria Giulia, Roma
Galleria il Tempietto, Brindisi

1987
Galerie Le Point, Monte-Carlo
Galleria il Tempietto, Expo-Arte,
Bari

1988
Galleria d'Arte Moderna e
contemporanea, Palazzo Forti, Verona
Accademia di Francia, Villa Medici,
Roma

1989
Gallerie Il Tempietto, Brindisi
Galleria 2 RC, Milano-Roma
Galleria La Parisina, Torino

1992
Galleria Contini, Venezia
Galerie Le Point, Monte-Carlo
Galleria Il Tempietto, Brindisi

1993
Galleria d'Arte Moderna e
contemporanea, Palazzo Sarcinelli,
Conegliano, Treviso
Filo Arte Contemporanea, Treviso

1994
Palazzo Ducale, Genova

1995
Galleria Il Tempietto, Brindisi
Musée des Beaux Arts, Caen
Palazzo Arroni, Museo di Spoleto
Casa dei Carraresi, Treviso
Fondazione Memmo, Lecce

1998
Galerie Di Meo, Paris
Galleria Contini, Venezia

1999
Galleria Il Tempietto, Brindisi

Expositions collectives
Group exhibitions

1956
XVII Biennale Internazionale, Venezia
Royal Academy Exhibition, London

1957
Palazzo della Permanente, Milano

1959
Quadriennale, Roma
Biennale Triveneta, Padova
X Esposizione d'Arte Sacra, Novara

1960
Fiera d'Arte Contemporanea, Bari

1961
Biennale Triveneta, Padova

1963
First anthological exhibition of Roman
artists, Palazzo delle Esposizioni, Roma

1973
"Surrealismo ancora e sempre"
(itinérante/travelling)
Die Internationale Kunstmesse, Art 4'73,
Basel

1975
Fiera d'Arte, Bologna
Kunstmesse, Düsseldorf
"Arte Fantastica", Museo Arte Moderna,
Gallarate

1977
"The Box", Galleria dell'Oca, Roma
"Five Painters", Studio 5, Roma
"Surrealismo", Galleria Toninelli, Roma

1984
"Art et Architecture", Centre Georges
Pompidou, Paris

1986
ICAF, Los Angeles

1987
Galleria L'Affresco, FIAC, Paris

1988
"Vitalità della figurazione", Palazzo della
Permanente, Milano

1993
Biennale di Milano, Palazzo della
Permanente

1996
"Pittori a Firenze dopo la guerra",
Monsummano Terme, Firenze

1999
Quadriennale, Roma

Bibliographie Sélectionnée / Selected Bibliography

Audiberti, Rossana Bossaglia, Giuliano Briganti, Michel Butor, Giovanni Carandente, Raffaele Carrieri, Andrée Chedid, Giovanni Comisso, Giorgio Cortenova, Maurizio Fagiolo dell'Arco, André Pieyre de Mandiargues, Pier Luigi Gerosa, Marco Goldin, Massimo Guastella, Pierre Klossowsky, Jean Leymarie, Romeo Lucchese, Alberto Moravia, Raffaele Nigro, Osvaldo Patani, Maria Pia Pettinau, Leone Piccioni, Wieland Schmied, Vittorio Sgarbi, Giorgio Soavi, Roberto Tassi, Giuseppe Ungaretti, Giancarlo Vigorelli, Patrick Waldberg.

Giovanni Comisso, *Guarienti*, Martello Editore, Milano, 1954.
Giuseppe Ungaretti, *Guarienti*, Edizioni del Naviglio, Milano, 1969.
André Pieyre de Mandiargues, *Teratologia di Guarienti*, Edizioni Franca May, Roma, 1976.
Giancarlo Vigorelli, *Catalogo dell'opera grafica, 1942-1977*, Edizioni del Naviglio, Milano,1977.
Patrick Waldberg, *Il presagio del passato. Carlo Guarienti*, Editions de la Différence, Paris, 1977.
Pier Luigi Gerosa, *Guarienti*, Edizioni Il Capricorno, Bormio, 1984.
Giuliano Briganti, *Guarienti: Disegni e Acquarelli*, Edizioni della Seggiola, Milano, 1984.
Vittorio Sgarbi, *Guarienti*, Fabbri Editore, Milano, 1985.
Giorgio Cortenova, Giuseppe Mazzariol, Catalogo della mostra, Palazzo Forti, Galleria d'Arte Moderna, Verona, 1988.
Jean Leymarie, Catalogo della mostra, Villa Medici, Accademia di Francia, Roma, 1988.
Marco Goldin, Giorgio Soavi, Roberto Tassi, Catalogo della Mostra, Palazzo Sarcinelli, Galleria Comunale d'Arte Moderna, Conegliano, 1993.
Marco Goldin, *L'opera su carta*, Electa, Milano, 1995.
Marco Goldin, *Figure della pittura. Arte in Italia 1956-1968*, Electa, Milano,1996.

Printed in April 2000
by Leva spa, Sesto San Giovanni
for Edizioni Charta, Milan